Reinhard Abeln

Altsein ist schön – aber auch schwer

D1986121

2. Auflage 2018
© fe-medienverlags GmbH
Hauptstr. 22, D-88353 Kißlegg
Umschlaggestaltung: Renate Geisler
ISBN 978-3-939684-78-7
Druck: orth-druk, Bialystok (Polen)

Printed in EU

Reinhard Abeln

Altsein ist schön – aber auch schwer

Gedanken zu einem sinnerfüllten
Leben im Alter

Inhalt

Ein Wort zuvor

Je älter wir werden, umso mehr freuen wir uns über jeden einzelnen Tag, den Gott uns schenkt. Wir sind dankbar für alles, was uns täglich begegnet, sei es ein sonniger Morgen, eine erfahrene Hilfe oder ein kleiner Vogel vor unserem Fenster. Wir entdecken, dass im Leben eigentlich nichts selbstverständlich ist. Dieses Buch zeigt auf, was für jeden Tag unseres Alters wichtig und bedenkenswert ist.

„Altsein ist schön, aber auch schwer.“ So las ich vor Jahren in einem Brief. Seitdem versuche ich zu verstehen, was mit diesem Satz alles ausgesagt ist. Ihnen, liebe Leserinnen und Leser, möchte ich dazu einige Überlegungen vortragen – ein paar „goldene Regeln“ zu einem sinnerfüllten Leben im Alter.

„Es kommt nicht darauf an, wie *alt* man ist, sondern *wie* man alt ist“, sagte einst der Philosoph und Schriftsteller Hermann Keyserling (1880–1946). Vielleicht können die folgenden Gedanken Ihnen eine kleine Hilfe sein, den Alltag nicht nur unter dem Gesichtspunkt des Schweren (der Lasten), sondern auch unter dem Aspekt des Schönen (der Freuden) zu betrachten.

Reinhard Abeln

So gelingt das Alter

Immer für jemanden da sein, immer etwas zu tun haben, darin liegt das Geheimnis, wie man alt werden und zugleich jung bleiben kann. Wer liebt, wird nicht alt.

Nicht nachlässig werden. Körper, Geist und Seele in Form halten. So sind wir weniger auf andere angewiesen.

Schauen wir auf die tausend kleinen Dinge, die wir können. Jeder Tag hat seine Sonnenstrahlen: sich bewegen können, hören, lesen, sich unterhalten, dienen, lächeln, verzeihen, beten …

Alles fernhalten, was unserem Altwerden schaden kann: Ungeduld, Müßiggang, Egoismus, Abkapselung, Starrsinn, innerer Groll, Eifersucht, Neid …

Sich selbst nicht so wichtig nehmen, d. h. die persönlichen Probleme zwar ernst nehmen, aber nicht zu ernst.

Nicht in der Vergangenheit und nicht in der Zukunft leben. So gut es geht, den jetzigen Moment leben; er ist immer neu und voller Hoffnung.

Grundsätze der französischen Bewegung für das Dritte Alter „Vie Montante".

Im Alter ist das ganze Leben enthalten

Nachdem seine sechs Söhne ihrem Bruder Bernhard (von Clairvaux) ins Kloster gefolgt waren, blieb der Vater Tescelin, dessen Frau Aleth schon früh gestorben war, allein zurück. Bernhard lud den Vater ein, seinen Lebensabend mit ihnen im Kloster zu verbringen. Doch der Vater wollte nicht: „Ich kann nicht, ich bin zu alt. Ich werde unnütz und nur eine Last für euch sein."

Bernhard erwiderte dem Vater: „Was du da sagst, ist wirklich falsch. Denn du sagst, Gott habe etwas Unnützes geschaffen: das Alter." Daraufhin folgte der Vater seinem Sohn, stellte allerdings zwei Bedingungen: „Niemand darf wissen, dass ich dein Vater bin" und: „Ich möchte im Stall arbeiten." Eine großartige Geschichte zum Thema Alter.

Viele Menschen möchten das Wort „alt" nicht hören. Sie sprechen lieber von „Senioren" oder finden andere Umschreibungen für die Älteren: Betagte, Bejahrte, Ruheständler, Pensionäre … Das ist verständlich, denn „alt“ bedeutet das Gegenteil von „jung“ oder von „neu“. Altsein passt nicht in die heutige Landschaft, wo man die Jugend vergöttert und das Alter verpönt.

Viele pressen die alt gewordenen Menschen in eine Schablone. Altsein steht für abgebaut, klapprig, senil, hilfsbedürftig, unbeweglich, starr, rückständig, schwerhörig, gedächtnisgestört, verkindischt, kontaktarm, weltfremd, dem Leben nicht mehr gewachsen, verkrampft, geizig, misstrauisch, verbittert, unnütz.

Jungsein gilt in der öffentlichen Meinung als die Norm des Menschen schlechthin, das Altsein als Abfall von dieser Norm, als Abstieg, als ein Bündel von Ausfallerscheinungen – und nicht als eine Lebensstufe mit eigenem Wert und Sinn. Jungsein gilt als Glück, Altern als Missgeschick. Man will zwar lange leben, aber nicht alt werden. Deshalb wird fast alles auf die Bedürfnisse, die Ansichten und das Aussehen der jungen Generation abgestellt – im Sport, im Konsum, in der Mode und in der Werbung. Leitbild ist die ewige Jugend für die Frau und die ewige Spannkraft für den Mann.

Darum ist es kein Wunder, dass viele Menschen dem Alter mit Angst und Schrecken entgegensehen. Sie ängstigen sich vor dem Ruhestand: „Wer bin ich, wenn ich niemand mehr bin?" Nicht wenige versuchen, krampfhaft jung zu bleiben. Und wenn sie dann vom Alter überrascht werden, starren sie wie gebannt auf die Jüngeren und stehen dem Altwerden ungetröstet und innerlich arm gegenüber. Auf sie trifft das Wort des Psalmisten zu: „Ich bin dem Gedächtnis entschwunden wie ein Toter, bin geworden wie ein zerbrochenes Gefäß" (Ps 31,13).

Nein, so sollten wir das Alter nicht sehen. Das Alter sollte uns *wertvoll* und *lieb* sein. Wir wissen, dass es kein Himmel ist, aber auch keine Hölle, sondern ein ganz normales Stück Leben mit seinen Licht- und Schattenseiten. Sicher ist es keine einfache Sache, bewusst zu altern und das Alter mit Würde zu tragen. Auf der anderen Seite bleibt aber auch wahr, dass Glück und Zufriedenheit an kein Alter gebunden sind.

Die Lebensphase, die „Alter“ heißt, schließt nicht aus, dass ein Mensch innerlich „jung“ und „neu“ ist. „Bin ich darum achtzig Jahre alt geworden“, sagt Johann Wolfgang von Goethe (1749–1832), „dass ich immer dasselbe denken soll? Ich strebe vielmehr, täglich etwas anderes, Neues zu denken, um nicht langweilig zu werden. Man muss sich immerfort verändern, erneuern, verjüngen …“

Ingeborg Düffert und Adalbert Ludwig Balling schreiben in ihrem Buch „Leben vor sich haben“ (Ein besinnlich praktischer Ratgeber, der die Jahre nicht zählt): „Eines sollte man in späteren Jahren … nicht tun: versuchen, mit der Jugend zu konkurrieren. Ist es nicht viel sinnvoller und auch reifer, sich mit dem eigenen Älterwerden lebenslustig zu arrangieren? Viele Menschen werden nur darum alt, weil sie zu lange versuchen, möglichst jung zu bleiben. Nicht das Verlorene sehen, sondern vorwärtsblicken. Unsere Kräfte sind weitaus besser eingesetzt, wenn wir uns entscheiden, die Werte der Reifejahre zu schätzen“ (Verlag Herder, Freiburg–Basel–Wien 1998, S. 160).

Eigentlich gibt es *die* alten Menschen gar nicht, denn das Alter hat viele Gesichter. Ungleich ist der Gesundheitszustand und das Lebensschicksal, ungleich das Einkommen, die Lebensweise und die Lebensstimmung der alten Leute. Viele Siebzigjährige sind heute ausgesprochen rüstig und es gibt Fünfzigjährige, die schon alt und hinfällig sind! Vor über zweihundert Jahren meinte Friedrich von Schiller: „War es stets so wie jetzt? Ich kann das Geschlecht nicht begreifen. Nur das Alter ist jung, ach! Und die Jugend ist alt!"

Das Alter ist „die *Fülle,* die *Höhe* des Lebens", heißt es. Stimmt das? Ja, das stimmt. „Alt" heißt so viel wie „oben". Im Alter ist das ganze Leben enthalten. Die Jugend hat gewiss die Zukunft vor sich, das Alter aber hat die Vergangenheit in sich. Wohl ist alles vorbei, aber nicht vergangen, denn es ist in uns lebendig – nicht nur als Erinnerung. Die zurückliegenden Jahre sind in uns Fleisch und Blut geworden. Das ist eine echte Höhe des Lebens.

Sie kennen die Geschichte von der Hochzeit zu Kana, die uns der Evangelist Johannes erzählt hat. Sie berichtet von dem Wunder, das Jesus auf Bitten seiner Mutter wirkte. Jesus machte aus einfachem, natürlichem Wasser einen edlen, einmalig guten Wein. Er verwandelte Wasser in Wein.

Auch wir haben in unserem Leben dieses Verwandeltwerden erlebt. Von unserem damaligen eigenen Hochzeitstag bis zur Stunde sind wir verwandelt, gewandelt worden. Wir sind in unserem Leben ständig anders geworden und dennoch die Gleichen geblieben.

Nichts von dem, was früher war, ist vorbei. Alles hat sich in uns niedergelegt und ist in uns umgewandelt worden zu dem, was wir heute sind. Wir sind am goldenen Hochzeitstag nicht nur um 50 Jahre älter, sondern auch um 50 Jahre reicher. Nichts geht verloren, alles wird verwandelt. Das ist das Geheimnis von Kana.

Nach christlichem Verständnis ist das Alter nicht der Zusammenbruch des Lebens, sondern seine *Erfüllung.* Im Italienischen werden Altgewordene nicht abschätzig „die Alten" genannt, sondern die Langlebenden, die Hochbetagten. Man spricht vom Charisma, vom Geschenk des langen Lebens. In der Heiligen Schrift wird Gott selber der „Hochbetagte" genannt (Dan 7,9.22).

Es ist wahr, dass wir mit 60 Jahren den kalendermäßigen Höhepunkt überschritten haben. Äußerlich befinden wir uns auf dem absteigenden Ast, aber nicht innerlich. Innerlich geht der Mensch nicht nach unten, sondern nach oben. Die Franzosen haben dafür den schönen Namen „La vie montante", das heißt: das aufsteigende Leben. Das ist genau richtig.

Die ganze Linie der Welt, der Natur, des großen Lebens um uns herum, geht nach *oben.* Die Entwicklung ist eine aufsteigende, ist trotz gegenteiligem Augenschein ein Fortschreiten. Das kann gar nicht anders sein, wenn der große, lebendige Gott der Schöpfer und Herr dieser Welt ist. Und wenn noch so viele Rückschläge und Tiefpunkte kommen, das Ganze geht empor. „Alle Lebensphasen münden in Gott", sagt der große Theologe Romano Guardini.

Man spricht von einem „hohen Alter", aber niemals von einer „hohen Jugend". Das heißt: Im Alter ist eben etwas Hohes enthalten, und wenn es nur die Zahl langer Jahre wäre. Es ist aber mehr …

Albert Schweitzer (1875–1965), der berühmte Arzt und Theologe, beschreibt dieses „Mehr" mit folgenden Worten:

> „Es ist ein Irrtum, dass das Alter ein sich steigerndes Armwerden sei. Es gibt ein Absterben, das sich in Gewinn umsetzt, und dem Zerbrechen des Leibes geht das Werden und Aufblühen dessen zur Seite, was ein altes Wort den ‚verborgenen Menschen des Herzens' nennt. Wer vermag reiner und selbstloser zu lieben als der Betagte, wer besser zur Ruhe zu sprechen, wer gelassener die Wirren der Zeit zu überschauen? Er ist nun zu sich selbst gekommen und darf auf den Schein verzichten. Er weiß, dass es besser ist, zu verstehen als zu verachten. Und es ist kein Zweifel, dass ein Verstehen, wenn es auf dem Boden der Erfahrung an unserem eigenen widerspruchsvollen Ich

> erwuchs und keinen Menschen als fertig, jeden vielmehr als Werdenden ansieht, nicht in Verzweiflung endet."

Zum Alter, so könnte man sagen, gehört weniger das sprießende Grün auf den Feldern des Lebens, dafür mehr die goldene *Frucht,* das Gereifte in der Scheune des Herzens: Geduld, Erfahrung, Weisheit, selbstlose Hingabe. Allerdings stellen sich diese Haltungen nicht von selber ein. Dazu ist eine ordentliche Portion Selbstüberwindung erforderlich.

In der Heiligen Schrift lesen wir: „Wie gut steht Hochbetagten rechtes Urteil an und den Alten, Rat zu wissen. Wie gut steht Hochbetagten Weisheit an, würdigen Männern Überlegung und Rat. Ein Ehrenkranz der Alten ist reiche Erfahrung, ihr Ruhm ist Gottesfurcht" (Sir 25,4–6). Oder: „Ehrenvolles Alter besteht nicht in einem langen Leben und wird nicht an der Zahl der Jahre gemessen. Mehr als graues Haar bedeutet für die Menschen die Klugheit, und mehr als Greisenalter wiegt ein Leben ohne Tadel" (Weish 4,8–9).

Um zu dieser Haltung im Alter zu finden, kann uns das *Gebet* eine große Hilfe sein. Das Gebet einer unbekannten Ordensfrau ist schon vielen Menschen zu einem willkommenen Begleiter geworden:

„Herr, ich spüre, dass ich älter werde, ich ahne, dass ich bald zu den Alten gehöre, du weißt das auch. Bewahre mich vor allem, was manche Alten so unbeliebt macht!

Behüte mich vor der Geschwätzigkeit! Lass mich nicht meinen, ich müsse mich bei jeder Gelegenheit zu allem äußern! Gib mir die Einsicht, dass ich zuweilen auch Unrecht haben kann!

Befreie mich von dem eitlen Verlangen, jedermanns Angelegenheiten in Ordnung bringen zu wollen! Halte mich frei davon, den anderen alle Einzelheiten meines Alltags aufzudrängen!

Schenke mir Geduld, wenn andere mir ihre Leiden klagen, aber versiegle meine Lippen, wenn ich meine eigenen zunehmenden Schmerzen und Gebrechen ausbreiten möchte! Und wenn ich doch darüber spreche, dann lass es mich so tun, dass deine Güte dadurch nicht verdunkelt wird!

Mache mich hilfsbereit – aber nicht geschäftig, fürsorglich – aber nicht herrschsüchtig!

Am Ende aber lass mich nicht einsam sein, ich brauche dann ein paar Freunde, lieber Herr, gute Freunde. Das weißt du auch.

Aber vor allem brauche ich dich. Bitte gestalte mich um in dein Bild, lass mich reif werden und mich freuen auf die Ewigkeit!"

Alle Menschen, die alt geworden sind, aber auch alle, die im Begriff sind, es zu werden, sind herzlich gebeten, sich nicht von dem heutigen oberflächlichen Vorurteil beunruhigen zu lassen, das Alter sei eine Zeit des Nicht-mehr-Gebrauchtwerdens und des Ausgestoßenseins. Die Liebe Gottes umgreift *alle* Lebensstufen des Menschen. „Ihr Jungen und ihr Mädchen, ihr alten Leute, vereint mit dem Chor der Kinder, ihr alle lobet den Herrn", sagt der Psalmist (Ps 148,12–13).

„Der Mensch lebt nicht nur vom Brot“

Es genügt nicht, dass wir im Alter genug zu essen und zu trinken haben, dass wir uns gut kleiden können, dass wir genügend Ruhe finden, dass wir ein Zimmer und ein Bett haben, dass wir bei Krankheit versorgt sind, dass unsere Rente hoch genug ist. Wir brauchen im Alter mehr als nur Essen und Trinken, Kleidung und Ruhe, Zimmer und Bett, Fürsorge bei Krankheit und genügend Geld. Aber worin besteht dieses „Mehr“?

Es gibt eine nachdenkenswerte Erzählung von Leo Lionni, die uns das lehren kann. Sie trägt den Titel „Frederik“. Frederik gehört zu einer Familie von Feldmäusen, die sich gerade für den bevorstehenden Winter große Vorräte anlegt, um überleben zu können. Tag und Nacht tragen die Mäuse alles nur Essbare zusammen. Nur Frederik hilft nicht mit. Er sammelt „andere Schätze“ für die kalten Monate.

Rund um die Wiese herum, wo Kühe und Pferde grasten, stand eine alte, alte Steinmauer.

In dieser Mauer – nahe bei Scheuer und Kornspeicher – wohnte eine Familie schwatzhafter Feldmäuse. Aber die Bauern waren weggezogen, Scheuer und Kornspeicher standen leer. Und weil es bald Winter wurde, begannen die kleinen Feldmäuse, Körner, Nüsse, Weizen und Stroh zu sammeln. Alle Mäuse arbeiteten Tag und Nacht. Alle – bis auf Frederik.

„Frederik, warum arbeitest du nicht?“, fragten sie. „Ich arbeite doch“, sagte Frederik, „ich sammle *Sonnenstrahlen* für die kalten, dunklen Wintertage.“

Und als sie Frederik so dasitzen sahen, wie er auf die Wiese starrte, sagten sie: „Und nun, Frederik, was machst du jetzt?“ „Ich sammle *Farben*“, sagte er nur, „denn der Winter ist grau.“

Und einmal sah es so aus, als sei Frederik halb eingeschlafen.

„Träumst du, Frederik?“, fragten sie vorwurfsvoll. „Aber nein“, sagte er, „ich sammle *Wörter.* Es gibt viele lange Wintertage – und dann wissen wir nicht mehr, worüber wir sprechen sollen."

Als nun der Winter kam und der erste Schnee fiel, zogen sich die fünf kleinen Feldmäuse in ihr Versteck zwischen den Steinen zurück. In der ersten Zeit gab es noch viel zu essen und die Mäuse erzählten sich Geschichten über singende Füchse und tanzende Katzen. Da war die Mäusefamilie ganz glücklich!

Aber nach und nach waren fast alle Nüsse und Beeren aufgeknabbert, das Stroh war alle und an Körner konnten sie sich kaum noch erinnern. Es war auf einmal sehr kalt zwischen den Steinen der alten Mauer und keiner wollte mehr sprechen. Da fiel ihnen plötzlich ein, wie Frederik von Sonnenstrahlen, Farben und Wörtern gesprochen hatte.

„Frederik!", riefen sie, „was machen *deine* Vorräte?" „Macht die Augen zu", sagte Frederik und kletterte auf einen großen Stein. „Jetzt schicke ich euch die *Sonnenstrahlen.* Fühlt ihr schon, wie warm sie sind? Warm, schön und golden?"

Und während Frederik so von der Sonne erzählte, wurde den vier kleinen Mäusen schon viel wärmer. Ob das Frederiks Stimme gemacht hatte? Oder war es ein Zauber?

„Und was ist mit den *Farben,* Frederik?“, fragten sie aufgeregt. „Macht wieder eure Augen zu“, sagte Frederik.

Und als er von blauen Kornblumen und roten Mohnblumen im gelben Kornfeld und von grünen Blättern am Beerenbusch erzählte, da sahen sie die Farben so klar und deutlich vor sich, als wären sie aufgemalt in ihren kleinen Mäuseköpfen.

„Und die *Wörter,* Frederik?“ Frederik räusperte sich, wartete einen Augenblick, und dann sprach er wie von einer Bühne herab:

„Wer streut die Schneeflocken? Wer schmilzt das Eis?
Wer macht lautes Wetter? Wer macht es leis?
Wer bringt den Glücksklee im Juni heran?
Wer verdunkelt den Tag? Wer zündet die Mondlampe an?

Vier kleine Feldmäuse wie du und ich wohnen im Himmel und denken an dich.
Die erste ist die Frühlingsmaus, die lässt den Regen lachen. Als Maler hat die Sommermaus die Blumen bunt zu machen.
Die Herbstmaus schickt mit Nuss und Weizen schöne Grüße.
Pantoffeln braucht die Wintermaus für ihre kalten Füße.
Frühling, Sommer, Herbst und Winter sind vier Jahreszeiten. Keine weniger und keine mehr. Vier verschiedene Fröhlichkeiten."

Als Frederik aufgehört hatte, klatschen alle und riefen: „Frederik, du bist ja ein Dichter!" Frederik wurde rot, verbeugte sich und sagte bescheiden: „Ich weiß es – ihr lieben Mäusegesichter!"

Bedenkenswert ist das Verhalten von Frederick. Er hatte nichts dagegen, dass seine Kameraden große Essvorräte anlegten. Er wusste um die Notwendigkeit der Nahrung; er wusste aber auch, dass die Nahrung allein nicht genügt, um leben zu können. Deswegen schaute er nach vorne und sammelte für den Winter Sonnenstrahlen, Farben und Wörter.

Die Sonnenstrahlen sollten dazu dienen, dass die Mäuse es im Winter warm hatten und nicht frieren mussten. Die Farben hatten den Zweck, das Leben der Mäuse während der kalten Wintermonate etwas zu erhellen und zu erfreuen. Und die gesammelten Wörter sollten helfen, dass die Mäuse im Winter etwas hatten, worüber sie sprechen und sich unterhalten konnten.

Wir können von Frederik viel für unser Alter lernen. Auch wir sind gehalten, mehr als nur materielle Vorräte anzulegen.

- Wir brauchen für die kalten Tage „*Sonnenstrahlen*", das heißt Liebe, Geborgenheit, Zuwendung, menschliche Begegnung. Nur so erhält unser Leben die notwendige Wärme. „Alles wirkliche Leben ist Begegnung", sagt der jüdische Religionsphilosoph Martin Buber (1878–1965).

- Wir brauchen für den grauen Alltag „*Far-*

ben", das heißt Freude, Glück, Hoffnung, Sicherheit, Vertrauen. Nur so wird unser Leben farbig und froh.

- Wir brauchen für den langen Winter „*Wörter*". Das bedeutet: Wir benötigen das Gespräch, den Austausch der Gedanken und Gefühle, den Trost und die Anregung, um nicht zu vereinsamen.

Und noch etwas brauchen wir für das Alter. In der Heiligen Schrift steht der bedeutsame Satz: „Der Mensch lebt nicht nur vom Brot, sondern von jedem Wort, das aus Gottes Mund kommt" (Mt 4,4). Auch dieses Jesuswort gilt es immer wieder zu bedenken und in das Leben zu übersetzen. Erst dann kann unser Alter wirklich gelingen.

„Danke, man wird bescheiden!“

Unlängst begegnete ich einem Bekannten. Auf die übliche Frage: „Wie geht es Ihnen?“ kam die nicht übliche Antwort: „Danke, man wird bescheiden!“ Das Gespräch ging dann darauf ein und wir fanden eine ganze Menge solcher altersbedingter Bescheidenheiten. Das fing an mit dem bekannten Verzicht auf den Bohnenkaffee und endete beim Verzicht auf das geliebte „Viertele“.

Ja, so ist es im Leben. Man muss immer wieder *verzichten* auf etwas, was einem lieb geworden ist. Man wird immer bescheidener, das heißt, man scheidet immer mehr aus dem aus, was man bisher getan hat, was bislang selbstverständlich war. Dieses Verzichten muss man schrittweise lernen. Denn Scheiden tut bekanntlich weh. Da wollen wir uns gar nichts vormachen.

Georg Moser, im Jahre 1988 verstorbener Bischof der Diözese Rottenburg-Stuttgart, schreibt: „Es nahen unvermeidbar die späten

Jahre, ‚von denen du sagen wirst: Ich mag sie nicht' (Koh 12,1). Mehr und mehr erfahren wir im sechsten, im siebten Jahrzehnt, dass es nicht immer aufwärtsgeht, sondern dass die Bahn auch abwärtsführt. Viele trifft diese Einsicht wie ein Schock; die meisten wollen gern lange leben, doch nicht um den Preis der Altersbeschwerden" (Wie finde ich zum Sinn des Lebens? Verlag Herder, Freiburg – Basel – Wien ^{6}1981, S. 77).

Das Alter hat seine *Beschwerden.* Diese Beschwerden müssen nicht erst in vorgerückten Jahren auftreten, sie können sich auch sehr frühzeitig einstellen. Man pflegt zu sagen: „Mit vierzig Jahren schwindet der Glanz. Mit fünfzig Jahren springt der Lack ab. Mit sechzig Jahren zeigt sich der Rost."

Der christliche Glaube verharmlost das Altwerden nicht. Das Alter, so hat Papst Johannes Paul II. bei seinem Deutschlandbesuch zu den alten Menschen gesagt, „bringt die Ernte ein; die Ernte aus dem Gelernten, aus dem Erlebten, die Ernte aus dem Geleisteten und dem Erreichten, die Ernte aus dem Erlittenen und Bestandenen". Es ist „ein allmähliches *Abschiednehmen* von der ungebrochenen Fülle des Lebens" (1980).

Es gibt kleine Abschiede, die belanglos sind. Und dann gibt es größere, die stark einschneiden in das gewohnte Leben. Zu den letzteren gehört der Abschied von den Kindern, die erwachsen geworden sind. Eins um das andere geht aus dem Haus, aus dem Nest, wird flügge und baut sich sein eigenes Leben auf. Das ist ein schmerzlicher Prozess, in den man sich einüben muss.

Dann kommt eines Tages für viele der Abschied vom Berufs- und Arbeitsplatz, wo man viele Jahre oder vielleicht Jahrzehnte seinen Platz ausfüllte und seinen Mann stellte. Da war man jemand. Dort hatte man seine Stellung. Dieser Abschied fällt nicht leicht, auch wenn es bei den Abschiedsfeiern geheißen hat: „Wir werden Sie nicht vergessen." Das ist gewiss gut gemeint. Aber nach einem Jahr ist man dann doch vergessen. Aus den Augen, aus dem Sinn!

Der Abschied vom Berufs- oder Arbeitsplatz verursacht bei zahlreichen Menschen den sogenannten „Pensionsschock". Man verliert so nach und nach die alten und lieb gewordenen Kollegen und Mitarbeiter und das ist so, wie es in dem alten Lied heißt: „Als wär's ein Stück von mir." Und das tut weh!

Ja, im Laufe der Jahre wird man bescheiden. Und man muss sich bescheiden. Wichtig ist dabei, dass wir nicht immer nur nach dem schielen, was wir nicht mehr haben, sondern auf das schauen und uns an dem freuen, was wir *immer noch* haben. Und das ist manchmal noch recht viel. Dazu brauchen wir gute Augen, das heißt Augen, die das Gute sehen!

Rose Fitzgerald Kennedy, die viel im Leben mitmachen musste (ihr ältester Sohn fiel im Krieg, ihr Sohn John wurde als Präsident der USA ermordet, eine Tochter kam bei einem Flugzeugunglück ums Leben, eine andere war geistig behindert und ein Pflegefall …), hatte diese „guten Augen". Von ihr ist uns folgendes Wort überliefert: „Der Vogel singt, wenn der Sturm sich gelegt hat. Warum soll sich der

Mensch nicht ebenso an jedem Sonnenstrahl freuen, der ihm geblieben ist? Wären die Menschen doch dankbarer für das, was ihnen geblieben ist, anstatt darüber zu klagen, was sie nicht haben."

Im Übrigen: Dass Verzichten nicht nur ein *Mangel* ist, sondern sogar einen *Gewinn* darstellen kann, drückt Werner Bergengruen (1892–1964), der bekannte Schriftsteller, folgendermaßen aus:

„Was dem Herzen sich verwehrte,
lass es schwinden unbewegt.
Allenthalben das Entbehrte
wird dir mystisch zugelegt.

Liebt doch Gott die leeren Hände
und der Mangel wird Gewinn.
Immerdar enthüllt das Ende
sich als strahlender Beginn.

Jeder Schmerz entlässt dich reicher.
Preise die geweihte Not.
Und aus nie geleertem Speicher
nährt dich das geheime Brot."

Was der Dichter hier als Grundzug menschlicher Existenz beschreibt, hat er auch immer wieder persönlich erlebt. Von seiner alternden Mutter zum Beispiel schreibt er: „Die grausam erscheinenden Verkürzungen des Hör- und Sehsinnes meiner Mutter bewahrten sie vor zahllosen Zerstreuungen und im Grunde nichtswürdigen Eindrücken, denen wir anderen den ganzen Tag über ausgesetzt sind. Sie lebte im Wesentlichen!"

Es stimmt, was die schlichte Volksweisheit behauptet: Man kann aus der „Not" eine „Tugend" machen. Max Rößler schreibt: „Dem Verzichtenden und dem Entbehrenden werden Erlebnisse, Erfahrungen, Erkenntnisse zuteil, die dem Besitzenden und dem Genießenden versagt bleiben. Dem Kranken werden Einsichten zugänglich, die dem Gesunden verschlossen bleiben. Dem vom Schicksal Getroffenen werden Not-Ausgänge sichtbar, nach denen der Ungeprüfte niemals ausgeschaut und sie deshalb niemals entdeckt hat" (Hausrezepte für den Ruhestand. Don Bosco Verlag, München 1976, S. 63f.).

Was also vordergründig als Verlust erscheint, kann – wenn man nur die rechte Optik anwendet – letztlich als Gewinn erkannt werden. Auf diesem Hintergrund lässt sich auch besser verstehen, was Angelus Silesius (1624–1677) mit seiner Mahnung sagen will: „Mensch, werde wesentlich!“

Es ist unbestreitbar, dass das Wesentliche genau in dem Maße in uns zunehmen kann, als das Unwesentliche abnimmt. Joseph Bernhart (1881–1969) hat Recht, wenn er sagt: „Es liegt am Menschen, was er aus der Armut macht und was die Armut aus ihm macht.“

Alles sehen, vieles übersehen, weniges kritisieren

Wie wir mit der Zeit des Alters zurechtkommen, hängt auch davon ab, mit was für Brillen bzw. Augen wir in die Welt sehen. Es gibt diesbezüglich ganz verschiedene Brillen bzw. Augen. Der eine sieht alles durch eine schwarze Brille – schwarz, trüb, dunkel, trostlos. Er macht dazu auch das entsprechende Gesicht. Das sind die sogenannten „Schwarz-Seher".

Unter älteren Menschen gibt es ziemlich viele *Schwarzseher.* Sie blicken düster in die Zukunft, sehen alles negativ und prophezeien den baldigen Weltuntergang. Das ist keine gute Sicht der Welt, der Dinge und der Menschen. Wer schwarz sieht, tut sich schwer im Leben. Und wer dann noch „alles" schwarz sieht, für den geht – wie der Volksmund sagt – bereits am Morgen die Sonne unter.

Wir wollen uns bemühen, keine zu schweren Schwarzseher zu sein. Wir müssen uns hüten, allzu kritisch zu werden, vor allem gegenüber der Jugend und der Gegenwart, die viel besser ist, als sie scheint. Halten wir es lieber mit dem alten Papst Johannes XXIII., der sich immer an die goldene Regel gehalten hat: „Alles sehen, vieles übersehen, weniges kritisieren!"

Im Übrigen: Wenn wir ein schwarzgefärbtes Bild von „der Jugend" haben, wenn wir meinen, die „heutige Jugend" sei schlecht und verdorben, so dürfen wir dieses Urteil nicht allzu wichtig nehmen. Den gleichen Eindruck hatten Menschen schon lange vor uns. Vor viertausend Jahren schrieb ein ägyptischer Priester: „Unsere Jugend ist heruntergekommen. Die Kinder gehorchen den Eltern nicht mehr. Das Ende der Welt ist nahe."

Um 700 vor Christus meinte Hesiod, ein griechischer Schriftsteller: „Ich habe keine Hoffnung mehr für die Zukunft unseres Volkes, wenn sie einmal von der leichtfertigen Jugend von heute abhängen sollte. Denn diese Jugend ist unerträglich, rücksichtslos und altklug. Als ich noch jung war, lehrte man uns gutes Benehmen und Respekt vor den Eltern. Aber die Jugend von heute will alles besser wissen und ist immer weit mit dem Munde vorweg."

Und im 5. Jahrhundert vor Christus sagte der weise Sokrates: „Heutzutage lieben die Jugendlichen zu sehr den Luxus. Darüber hinaus haben sie schlechte Angewohnheiten und Manieren, widersetzen sich jeder Autorität und zollen dem Alter nicht den nötigen Respekt; kaum dass sie es noch für nötig erachten, sich zu erheben, wenn ihr Lehrer den Raum betritt. Was müssen das für Menschen werden, wenn sie erwachsen sind?"

Wenn uns auch manches fremd ist am Verhalten junger Menschen, so kann es doch hilfreich sein – für uns und für sie –, wenn wir uns bemühen zu entdecken, was wir von ihnen lernen können. „Wir müssen anerkennen", sagt Albino Luciani, der spätere Papst Johannes Paul I., „dass die Jugendlichen anders sind als wir Älteren. Sie urteilen anders … Doch ihr Wort verdient es, gehört und respektiert zu werden. Es ist angebracht, dass wir uns gemeinsam mit ihnen an die Arbeit machen, um die Gesellschaft zu verbessern."

Leichter im Leben haben es die Menschen, die eine rosarote Brille aufhaben und alles in bestem, in schönstem Licht sehen! Diese Menschen können dem trübseligsten Regentag noch ein wenig Sonne abgewinnen und in jeder Wüste noch ein Blümlein finden. Das sind die „*Hell-Seher*" im wahrsten Sinn des Wortes. Sie finden in jeder Situation, auch in jedem Menschen, noch etwas Gutes.

Diese Glücklichen können sagen: „Die Lage ist ernst, aber nicht hoffnungslos." Es gibt die witzige Bemerkung, diese Leute würden sogar sagen: „Die Lage ist hoffnungslos, aber nicht ernst." Diese Menschen zeigen uns: Man soll nie verzagen! Es wird schon wieder werden. Wohl dem, der eine solche Brille, der solche Augen hat!

Wilhelm Busch hat dafür folgende Verse gefunden:

> „Das Leben gibt dir manchen Nasenstüber.
> Wenn du das weißt, dann bleibst du Optimist.
> Nichts ist beständig – alles geht vorüber.
> Nimm drum dein Leben, wie es ist!"

Wer darüber hinaus dann noch gute, liebe, *barmherzige Augen* hat, gehört zu den wahrhaft Gesegneten! Denken wir nur an die Augen einer Mutter, die ihr Kind auf dem Arm trägt. Solche guten Mutteraugen schreiben wir auch der Mutter Jesu zu und sagen in einem Gebet: „Wende deine barmherzigen Augen uns zu!" Wir können beten um gute und gütige, um warmherzige und barmherzige Augen. Diese Augen sind sehr viel wert.

Von dem Schriftsteller Rudolf Kirsten stammt folgende geistreiche Tiergeschichte:

> Ein Adler hörte viel Schönes von der Nachtigall und hätte gern gewusst, ob das auch alles stimme. Darum schickte er zwei Boten aus: den Pfau und die Lerche; sie sollten das Federkleid der Nachtigall betrachten und ihren Gesang belauschen.
> Nach ihrer Rückkehr sprach der Pfau: „Als ich ihren erbärmlichen Kittel sah, da war ich so enttäuscht, dass ich ihren Gesang gar nicht mehr gehört habe." Die Lerche dagegen berichtete: „Ihr Gesang hat mich

so begeistert, dass ich vergaß, auf ihr Federkleid zu achten.“

Mit wem halten wir es, mit dem Pfau oder mit der Lerche? Leben wir aus der Haltung des Vertrauens oder des Misstrauens? Sehen wir trotz aller Schwächen das Gute in unseren Mitmenschen? Das Gute ist da. Schauen wir doch genau hin! Freuen wir uns daran!

Gib deinen Jahren Leben!

Ein englischer General, so war irgendwo zu lesen, wurde pensioniert. Bald fragte man ihn: „Wie haben Sie jetzt Ihr Leben eingerichtet?“ Die Antwort war ebenso knapp wie eindeutig: „Sehr einfach. Ich lasse mir das Frühstück ans Bett bringen, dann lese ich die Todesanzeigen in der Zeitung und, wenn ich nicht drinstehe, stehe ich auf und habe plötzlich *viel Zeit*!“

Ältere Menschen haben Zeit, viel Zeit. Und weil dies so ist (oder ist es vielleicht nicht so?), deswegen sind sie doch eigentlich reiche Leute. Denn „Zeit ist Geld“, sagt ein englisches Sprichwort. Aber was machen wir im Alter mit diesem Zeitreichtum? Darüber gilt es rechtzeitig nachzudenken.

Man kann mit der Zeit mancherlei anfangen: Man kann die Zeit vertrödeln, vergeuden, verlieren oder vertreiben. Man kann die Zeit verkürzen oder verlängern. Man kann die Zeit totschlagen. Man kann sie aber auch mit etwas Sinnvollem nützen, sie an- und bereichern!

„Der alternde Mensch hat viel Zeit", war irgendwo zu lesen. „Es liegt also an ihm, ob es eine *leere* Zeit ist und er sagen muss: ‚Ich langweile mich zu Tode!' oder ob diese Zeit eine *erfüllte* Zeit wird nach dem Motto: ‚Ein jeder Tag lockt, dass ich ihn erlebe!' Darauf also kommt es an, dass ich die Jahre, die vor mir liegen, mit Leben fülle. „Es genügt nicht", sagte einmal Kardinal Joseph Höffner (1906–1987), der frühere Erzbischof von Köln, „unserem Leben mehr Jahre zu geben. Wir müssen den Jahren mehr Leben geben."

Was ist das eigentlich – Zeit? Diese Frage zu beantworten, ist nicht leicht. Der Kirchenlehrer Aurelius Augustinus (354–430), der große Frager und Denker, hat einmal gesagt: „Ich wusste es immer, was die Zeit ist, aber als ich das jemand erklären wollte, da wusste ich es auf einmal nicht mehr." So geht es uns allen. Versuchen Sie, liebe Leserinnen und Leser, es einmal jemand zu erklären, was Zeit ist! Wenn Ihre kleinen, ewig fragenden Kinder oder Enkel Sie einmal fragen würden: „Was ist das, die Zeit?" – was würden Sie ihnen antworten? Sie müssten bestimmt erst noch eine Weile darüber nachdenken.

Es ist schon ein merkwürdiges Wesen, diese Zeit, diese Dimension unseres hiesigen Lebens. Im letzten Abschnitt unseres Lebens, nach siebzig oder achtzig Jahren, erscheint uns diese Zeitspanne sehr kurz. Sie kommt uns vor wie ein Augenblick, wie ein Traum. So schnell ist alles vorbeigegangen. Als wir am Anfang unseres Lebens standen, da war das Ziel, das Heute, noch unendlich weit von uns entfernt. Jetzt aber, wo wir älter geworden sind, kommt es uns vor, dass die Jahre wie im Nu verflogen sind. Die Zeitlinie sieht also vom Anfang her *lang* aus und vom Ende her ist sie ganz *kurz.*

Die Zeit ist uns gegeben. Alle haben die gleiche Zeit oder – anders gesagt – alle haben gleich viel Zeit. Die entscheidende Frage für jeden von uns heißt: Was fangen wir im Alter mit der uns gegebenen Zeit an? Oder anders gefragt: Was fange ich persönlich mit meiner Zeit an? Werden wir von unserer Zeit an andere verschenken? Werden wir uns freuen über alles, was uns täglich begegnet? Werden wir die uns geschenkte Zeit dankbar annehmen?

Wie sagte Papst Johannes XXIII.? „Jeder Tag ist ein guter Tag, geboren zu werden, und jeder Tag ist ein guter Tag, zu sterben.“ Als die alternde Schriftstellerin Marie-Luise Kaschnitz (1901–1975) nach ihrem Lebensstil gefragt wurde, sagte sie: Nein, sie züchte keine Kakteen. Sie sammle keine Briefmarken. Sie pflege keine Zimmerlinde. Sie wisse auch nicht genau, warum sie überhaupt noch schreibe. Sie hätte auch keine runde Antwort auf die Frage nach dem Sinn des Lebens. Wenn sie dazu irgendwie etwas sagen könne, dann sei es nur dies: „Immer noch offen!“

Immer noch offen – das ist eine gute Antwort auf die gestellte Frage. Wer im Alter offen ist – für Abendsonne und Abendwind, für den späten Besuch eines kleinen Marienkäfers, für Begegnung und Gespräch, für Verständnis und Vertrauen, für alles Wahre, Schöne und Gute – und sich frühzeitig darum bemüht, in diese Haltung hineinzuwachsen, der macht das Alter nicht nur erträglich, sondern auch ergiebig, lebenswert und erlebenswert.

Max Rößler schreibt in diesem Zusammenhang: „Immer noch offen. Wo das für ein Menschenherz gilt, dort rauscht des Daseins Fülle nicht vorüber, ohne ihre Geschenke zu hinterlassen. Dort wird noch dankbar angenommen das Entzücken an einem Zitronenfalter, an der Vollkommenheit eines Mozart-Streichquartetts, an den wogenden Flammenmeeren der sinkenden Sonne, an der Köstlichkeit eines edlen Weines, an dem zitternden Glück einer späten Freundschaft, an der Stille einer Sternennacht, an der seligen Erinnerung ferner Kindheitstage, am unvergleichlichen Trost der biblischen Weisheit … Und jede Gabe weist hin auf den Geber!“ (Hausrezepte für den Ruhestand. Besinnung und Bewältigung. Don Bosco Verlag, München 1976, S. 11).

Je älter ich werde, umso kostbarer wird mir meine Lebenszeit! Sie kommt mir vor wie ein *Fluss,* wie ein Strom, auf dem sich mein Lebensschiff immer schneller dem Meer nähert. Ein schwedisches Märchen mit dem Titel „Was ist das Leben?“ sagt dazu viel Nachdenkenswertes aus:

An einem schönen Sommertag war um die Mittagszeit tiefe Stille im Wald eingetreten. Die Vögel steckten ihre Köpfe unter die Flügel und alles ruhte. Da reckte der Buchfink sein Köpfchen hervor und fragte: „Was ist das Leben?“ Alle waren betroffen über diese schwere Frage. Eine Rose entfaltete gerade ihre Knospe und schob behutsam ein Blatt ums andere heraus. Sie sprach: „Das Leben ist eine Entwicklung.“

Weniger tief veranlagt war der Schmetterling. Lustig flog er von einer Blume zur anderen, naschte da und dort und sagte: „Das Leben ist lauter Freude und Sonnenschein.“ Drunten am Boden schleppte eine Ameise sich mit einem Strohhalm ab, zehnmal länger als sie selbst, und sagte: „Das Leben ist nichts als Mühe und Arbeit.“

Es hätte nun einen großen Streit gegeben, wenn nicht ein feiner Regen eingesetzt hätte, der sagte: „Das Leben besteht aus Tränen, nichts als Tränen.“ Hoch über ihnen zog ein Adler majestätisch seine Kreise, der frohlockte: „Das Leben ist ein Streben nach oben.“

Nach einer Weile ging ein Mann durch die leeren Straßen nach Hause. Er kam von einem Fest und sagte vor sich hin: „Das Leben ist ein ständiges Suchen nach Glück und eine Kette von Enttäuschungen." Nach der langen Nacht kam endlich die Morgenröte und sagte: „Wie ich, die Morgenröte, der Beginn des kommenden Tages bin, so ist das Leben der Anbruch der Ewigkeit."

Das Märchen schließt mit einem entscheidenden Satz: „Das Leben ist der Anbruch der *Ewigkeit.*" Das soll heißen: Die Zeit, die wir auf Erden verbringen, ist nicht etwas außerhalb der Ewigkeit. Sigismund von Radecki (1891–1970), der deutsche Schriftsteller, sagt es treffend: „Zeit ist eine sich ständig neukonstruierende Tangente am Kreise der Ewigkeit. Ewigkeit ist immer, so wie Gott immer und überall ist."

Mit diesem Gedanken können wir froh und gelassen in die vor uns liegende Lebensphase hineingehen. Das letzte Wort soll dem französischen Schriftsteller Antoine de Saint-Exupéry (1900–1944) gehören: „Es ist gut, wenn uns die verrinnende Zeit nicht als etwas erscheint, das uns *verbraucht* und zerstört wie eine Handvoll Sand, sondern als etwas, das uns *vollendet.*“

Im Alter etwas Sinnvolles tun

Was machen wir, wenn wir nicht mehr beruflich tätig sind? Diese Frage sollte sich jeder frühzeitig stellen. Marc Chagall (1889–1985), der berühmte Künstler, gibt uns die Antwort: Wir sollen etwas Sinnvolles tun. Wohl dem, der eine „Arbeit" hat, die ihn erfüllt, die ihm Freude macht, die er nicht machen *muss,* sondern machen *will,* eine Arbeit, zu der es einen geradezu drängt!

Ingeborg Düffert und Adalbert Ludwig Balling schreiben: „Psychologen, Ärzte, Gerontologen empfehlen, dass jeder dafür sorgen sollte, dass er spätestens mit 40 ein Hobby gefunden hat. Ein Hobby, mit dem man sich auch noch später im Rentenalter beschäftigen kann. Und, was wichtig ist: das einem auch wirklich Freude macht" (Leben vor sich haben. Verlag Herder, Freiburg – Basel – Wien 1998, S. 164).

Es ist nicht gut, wenn sich Menschen nach ihrem Arbeitsleben einfach „zur Ruhe" setzen, wenn Bequemlichkeit und Stubenhockerei die Oberhand gewinnen. Es ist schade, wenn viele auf „Seniorenprogramme“ allergisch reagieren und sie als Bevormundung, Zeitvergeudung und Beschäftigungstherapie empfinden. Es stimmt nachdenklich, wenn ältere Menschen, statt die einst ersehnte Weltreise anzutreten, sich nach dem Eintritt in den Ruhestand als „Sofatouristen“ mit Reisen auf der Landkarte begnügen.

Ständige Ruhe im Alter verbreitet *Langeweile* und wirkt auf Geist und Körper wie ein Bazillus, der uns langsam, aber sicher krank macht. Ausspannen, Ruhe, Erholung und Faulenzen werden zu einem befriedigenden Erlebnis nur dadurch, dass sie – wie eine Belohnung – einer Zeit der Anstrengung und Belastung folgen. Als Dauerzustand verlieren sie völlig ihren Wert und werden uns lästig. Deshalb dürfen wir es nicht darauf ankommen lassen, nach dem Tage der Pensionierung beschäftigungslos dazustehen.

Goethe hat einmal gesagt: „Ich bin zu alt, um etwas zu tadeln, doch immer jung genug, um etwas zu tun." Und Heinz Rühmann, der große Schauspieler, ergänzt: „Leider haben viele in den späten Jahren einen gewissen Leerlauf. Das finde ich sehr bedauerlich; denn wenn man einigermaßen gesund geblieben ist, wenn das Gehirn noch funktioniert, dann gibt es doch so wunderbare Sachen im Alter. Jeder hat so seine Wünsche, die bis jetzt noch nicht erfüllt worden sind. Darum sich kümmern und sich weiterbilden, damit man nicht stehen bleibt …"

Man sollte im Alter zwar nicht arbeiten im üblichen Sinne, wohl aber tätig sein. Altsein verurteilt nicht ohne Weiteres zur Untätigkeit. Das Evangelium rät uns, den Augenblick auf Erden zu nutzen, den letzten wie den ersten. Alte Menschen sollten keine Arbeit verrichten, um Geld zu verdienen; sie sollten keiner *Brotarbeit* nachgehen, sondern sich vielmehr einer *Herzensarbeit* widmen, die man von innen her tut, um ihrer selbst willen.

Es wäre verkehrt, wollte man die späten Jahre untätig verbringen, darüber trauernd, dass schon zwei Drittel oder Dreiviertel des zeitlichen Lebens verstrichen sind. Es ist ein bedenkliches Armutszeugnis, wenn bei einer Umfrage viele ältere Leute das „Fenstersitzen“ als Hauptbeschäftigung angegeben haben. Nein, seien wir tätig, soweit die leibliche und seelische Kraft ausreicht! Halten wir Ausschau nach zeitausfüllenden aktiven Beschäftigungen!

Das können sehr verschiedene Tätigkeiten sein. Die einen gehen in den eigenen kleinen Garten. Sie pflanzen nicht nur Salat für die eigene Küche, sondern auch Blumen für die eigene Freude. Solche Freigärtner sind ein Stück weit kleine Künstler. Für andere ist das Sammeln eine echte Aktivität. Man müsste einmal zusammenstellen, was alles gesammelt wird: Briefmarken, Bierdeckel, Ausschnitte aus 20 Jahren Zeitschriften, Marienbilder aus der ganzen Welt …

Irgendwo gab es einen Mann, der sich das Veredeln von Obstbäumen als Hobby gewählt hatte. Er berichtete von einem großen Kreis von Bekannten mit Gärten, bei denen er mit seiner Spezialkenntnis und Fertigkeit ein begehrter und willkommener Gast sei. Nebenbei: Eine Beschäftigung in der Natur hat ja mit der dabei erforderlichen Bewegung auch gesundheitlichen Wert und ersetzt schon weitgehend die sonst entbehrliche Gymnastik.

Auch auf dem Gebiet des wissenschaftlichen Arbeitens gibt es verschiedene Möglichkeiten für Senioren. Da hat doch irgendwo ein mit 65 Jahren pensionierter Herr in vier Jahren noch seinen Doktortitel „gebaut“. Warum denn nicht? Dieser alte Herr ist sicher mit Freude jeden Morgen aufgestanden und an seine Arbeit gegangen. Er hatte ein Ziel, auf das er hinschauen und hinleben konnte.

Weißhaarige im Hörsaal sind heute keine Seltenheit mehr. Eine Tageszeitung berichtete kürzlich unter der Überschrift „82-jähriger Sprachen-Opa büffelt Vokabeln“ von einem Schneider, der erst mit 76 Jahren Fremdsprachen zu lernen begann. Zuerst griff er zu Büchern und dann lernte er in der Volkshochschule (VHS) nacheinander Englisch, Französisch, Italienisch und Spanisch. Sein Bildungshunger kam erst im Alter. Er setzte sich täglich von 18 bis 20 Uhr auf die Schulbank und blühte beim Studium der Sprachen förmlich auf. Bei seinen VHS-Kursen knüpfte er Bekanntschaften, die ihm Reisen in fremde Länder ermöglichten. Einer jungen Engländerin erklärte er, wie gern er auf die Insel fahren würde. Das Mädchen schrieb seinen Eltern und wenig später reiste der Sprachen-Opa nach England. Ähnlich kamen Fahrten nach Italien, Frankreich und schließlich eine ganze Europatournee zustande.

Wer seines Berufes ledig ist, kann im Alter bisher unterdrückte *Talente* entfalten. Die Tätigkeit kann vom Werkeln, Lesen, Malen, Musikhören und eigenem Musizieren bis zum Einsatz im öffentlichen Leben gehen. „Die größten Staaten", bemerkte der römische Philosoph Cicero, „sind durch die Jungen ins Wanken gebracht, durch die Alten gestützt und wieder aufgerichtet worden." Und wer „nur" seinem leidenden Partner helfen kann, der sage nicht – so betont der Schweizer Psychologe Paul Tournier –, es bleibe ihm nichts anderes übrig, sondern: „Ich habe meine Aufgabe gefunden."

Dazu ein Beispiel: Frau Wagner erkrankte mit 60 Jahren und war danach ans Krankenbett gefesselt. Eines Tages meinte sie zu ihrem Gatten: „Hast auch gar nichts von deiner Frau …" Er aber nahm ihre Hand und versicherte ihr: „Wenn du nur da bist – ich habe ja nicht deine Gesundheit geheiratet, sondern dich, und zwar dich in jedem Fall!" Eine großartige Haltung! …

Vor vielen Jahren war die berühmte Großmutter in den Vereinigen Staaten, Anna Mary (gen. Grandma) Moses (1860–1961), eine Sensation. Sie begann in hohem Alter zu malen. Ihre Bilder (naive Darstellungen von Landschaften und bäuerlichen Szenen) stießen auf weltweites Interesse und fanden reißenden Absatz.

Vielleicht war es dieses Beispiel, das andere Frauen und Männer anregte, es auch mit dem sogenannten „Hobby" zu versuchen. Tatsache jedenfalls ist, dass Frau Moses viele Nachfolgerinnen und Nachfolger fand. Wir werden nie erfahren, wie viele es sind, denn die meisten der „Spätberufenen" malen, dichten, singen oder betätigen sich auf andere Weise in irgendeinem künstlerischen Fach, ohne mit ihren Werken je an die Öffentlichkeit zu gelangen.

Doch was soll's?! Ob nun jemand entdeckt wird und seine Werke Anklang finden oder ob er einfach mit dem, was er schafft, in der Stille Freude bereitet – darauf kommt es eigentlich nicht an. Das Wesentliche ist doch, dass ältere Menschen jenseits des Berufs noch aufgeschlossen genug sind, in sich selbst nach verborgenen Fähigkeiten zu suchen.

„In jedem Menschen", schreiben Ingeborg Düffert und Adalbert Ludwig Balling, „schlummern viele Talente und Fähigkeiten. Sie wollen allerdings geweckt und gepflegt werden. Im jungen Alter schenkt ein Hobby Ausgleich für die Berufsarbeit, im Alter schützt es vor Langeweile. Wer ein Steckenpferd reitet, d. h. etwas tut, was er nur mit Freude tut, bleibt gesünder" (Leben vor sich haben …, S. 177).

Mit anderen Worten: Ein Hobby fördert – auch und gerade im Alter – die *leib-seelische Gesundheit,* macht zufrieden und ausgeglichener. Es ist wissenschaftlich erwiesen, dass ein

Hobby ungesunde Anspannungen mindert, Krampfzustände der Seele und des Körpers löst. Ärzte wissen, dass mehr als die Hälfte der Krankheiten durch seelische Störungen entstehen, und Therapeuten wissen es noch besser: „Was kränkt, macht krank!“ Alles, was dagegen erfreut, macht gesund. Und dazu gehört auch das Hobby.

Zu den schönsten Hobbys zählen Reisen und Wandern. Hierbei kann man sich so richtig entspannen und viel für die Gesundheit tun. Nicht zu vergessen sind das hobbymäßige, lockere Gedächtnistraining via Lesen, das Lösen von Silben- und Kreuzworträtseln, der Besuch von Fortbildungskursen, vielleicht auch mal das Schreiben kleiner Gedichte oder Geschichten oder der Besuch von Theater und Konzerten. Es gibt ungeahnte Möglichkeiten.

Echte „kreative Tätigkeiten“ liegen auch auf dem Feld des sozialen Lebens, zum Beispiel in Form der nachbarschaftlichen Hilfe. Wir können einander auf vielfältige Weise helfen. Wo, wie und wann, das ist von Fall zu Fall zu überlegen. Es fehlt bei uns manchmal (noch) an echter schöpferischer Fantasie. Aber Liebe – auch Nächstenliebe – macht *erfinderisch*!

Wie mancher Vereinsamte in derselben Straße würde sich über einen kurzen Besuch oder eine kleine Besorgung freuen. Wie gut täte ihm die Unterhaltung mit einem, der es gut mit ihm meint! Altsein ist nicht gleichbedeutend mit Rückzug in die Einsamkeit. Es kann sehr wohl heißen: reif genug sein zum Mittun, großherzig genug sein zum Dienst für andere. Sich aufschließen für Menschen und Aufgaben – darin besteht das Elixier zur fortwährenden Lebendigkeit im Alter.

Wie schön ist es, auf Menschen zu treffen, die Menschen *zuhören*! Nichts macht doch einen Menschen so angenehm und annehmbar wie die (schwere und seltene) Kunst des Zuhörenkönnens! „Wer zuhören kann, erweckt Vertrauen", schreibt Max Rößler. „Wer zuhören kann, ist ein Helfender – denn vielen Menschen ist schon damit geholfen, dass sie sich aussprechen können. Einem teilnehmenden Ohr öffnet sich leicht ein mitteilendes Herz"

(Hausrezepte für den Ruhestand. Don Bosco Verlag, München 1976, S. 55).

Albert der Große (1200–1280) hat einmal gesagt: „Wer seinem Nächsten zu Hilfe kommt in seinem Leid, es sei geistlich oder weltlich, dieser Mensch hat mehr getan als derjenige, der von Köln bis Rom bei jedem Meilenstein ein Münster errichtet aus purem Gold, dass darin gesungen und gelesen werde bis zum Jüngsten Tag. Denn so spricht der Sohn Gottes: Ich habe meinen Tod nicht gelitten eines Münsters wegen und auch nicht um des Singens und Lesens willen, sondern um des Menschen willen."

Was tun wir, wenn wir nichts (mehr) zu tun haben? Das ist eine wichtige Frage – schon *vor* der Pensionierung. Es gibt ungezählte Möglichkeiten, um im Alter tätig zu sein; echte Aufgaben, die keinen Leerlauf aufkommen lassen. Jeder sollte sich etwas Passendes suchen. Das Krankenhaus sucht einen Sonntagstelefonisten, der Pfarrer einen Werktagsmesner, die Familie XY einen Babysitter, die Gemeinde einen Spielplatzbewacher, der Altenclub einige „Vorstandsmitglieder" …

Es ist eine der großen Belastungen des Alters, dass man nichts mehr zu tun, keine Beschäftigung, vor allem keine Aufgaben mehr hat. Damit aber kommt das Gefühl angeschlichen: „Man kann mich zu nichts mehr brauchen. Was soll ich denn noch? Nur leben, um zu essen, und essen, um zu leben?“ Der Mensch verkümmert, wenn er gar nichts zu tun hat. Es muss ja nicht gerade in stramme Arbeit ausarten. Wenn wir die Zeitung lesen und uns gehörig umschauen, wird sich immer ein Weg zu erfreulicher aktiver Betätigung finden.

„Das Gefühl, nicht mehr gebraucht zu werden, gilt als wesentliche Ursache für Sinnprobleme und Einsamkeitsängste im höheren Lebensalter“, heißt es in einer Studie des Hamburger Freizeitforschers Horst W. Opaschowski (Leben zwischen Muss und Muße, Germa Press, Hamburg 1998). Mit zunehmenden Jahren, so der Forscher, verlangten die Menschen „mehr nach *Sinnangeboten* als nach *Konsumangeboten*“. Und zu diesen Sinnangeboten gehöre wesentlich, dass der Mensch im Alter etwas zu tun habe.

Georg Moser schreibt: „In einem Altenheim, das ich hin und wieder besucht habe, starb eine Achtzigjährige an einer Überdosis Schlaftabletten. Ihr selbst gewähltes Ende begründete sie in einem Abschiedsbrief so: Sie finde keinen Sinn darin, in diesem hohen Alter noch zu leben, pflegebedürftig und tatenlos. Ich kannte diese Frau als munter und umgänglich und nun hatte sie sich resigniert davongemacht" (Wie finde ich zum Sinn des Lebens? Verlag Herder, Freiburg – Basel – Wien [6]1981, S. 77).

Ohne Aufgaben kann der Mensch nicht leben. Wir sind *von Natur* auf das Tun, die Aktivität, die Kreativität, angelegt. Solange noch etwas Leben in uns ist, will dieses Leben sich entfalten, etwas tun. Das gehört zum Ebenbild Gottes im Menschen, denn Gott selbst ist der Lebendige, das heißt der immer Wirkende. Mit anderen Worten: Der Mensch ist zum Wirken geboren wie der Fisch zum Schwimmen und der Vogel zum Fliegen.

Allerdings sollte man im Alter keineswegs ständig auf Trab sein und sich dann brüsten mit einem noch größeren Terminkalender wie früher. Das ist nicht ganz echt und vor allem nicht richtig. Man soll im Alter nicht noch mehr tun wollen als früher, nur um sich selber vorzumachen, dass man noch gar nicht so alt ist.

Alois Stiefvater schreibt: „Es geht (im Alter, Verf.) nicht so sehr um die *Beschäftigung* als vielmehr um eine *Aufgabe.* Man ist noch für etwas oder besser für jemand da. Man wird noch gebraucht. Man ist in Reichweite und es kommt immer wieder vor, dass man geholt wird. Das aber tut einem gut. Dabei geht es nicht gegen die Langeweile, sondern vielmehr gegen die Leere des Lebens“ (Man wird älter … Echter Verlag, Würzburg 1979, S. 119).

Müßiggang ist zwar nicht gerade mehr „aller Laster Anfang“, wie ein altes Sprichwort sagt, aber sein negativer Einfluss auf unseren gesamten Gesundheitszustand bleibt bis zum Lebensende wirksam. Nur möglichst bequem die Zeit totzuschlagen und ohne große Überlegung in den Tag hineinzuleben, hat sich auf die Dauer noch nirgends bewährt. Wenn uns das Dasein weiterhin Freude machen soll, brauchen wir *neue Ziele.* Wir müssen auch im Ruhestand immer etwas unternehmen und erreichen wollen.

Wilhelm Busch hat Recht, wenn er dichtet:

> „Die Arbeit ist oft unbequem,
> die Faulheit ist es nicht.
> Trotzdem –
> der kleinste Ehrgeiz – hat man ihn –
> ist stets der Faulheit vorzuzieh'n."

Gehen wir aufeinander zu!

Früher nannte man alte Herren, die sich aus dem Geschäft zurückgezogen hatten, „Privatier". Diese Leute hatten so viel Geld zurückgelegt, dass sie davon bis zum Lebensende bequem leben konnten. Sie konnten jetzt sagen: „Jetzt mache ich, was ich will, lebe, wie es mir passt. Daraufhin habe ich mein ganzes Leben lang gespart. Nun lasse ich es mir gut gehen."

Vielleicht möchten wir auch gern so sprechen. Ob uns das gut bekommen würde, wenn wir nur von unseren Zinsen leben könnten? Solches Privatisieren hätte sicher auch seine negativen Seiten. Es bestände nämlich die Gefahr, dass wir uns in unser privates „Schneckenhaus" zurückziehen, nur noch für uns allein leben und zu egoistischen Eigenbrötlern werden.

Gut wäre das nicht. Denn der Mensch ist von Natur aus gerade kein Privatier, kein Einsiedler, sondern immer auf den anderen Menschen bezogen. Der Mensch ist ein *soziales Wesen.*

Menschliches Leben, auch im Alter, gelingt nicht in der Isolierung. Das weiß die Bibel von Anfang an. Der Schöpfer hat gesprochen: „Es ist nicht gut, dass der Mensch allein (privatim) sei."

Georg Moser schreibt: „Jeder halte auch im Alter nach einem sinnvollen Tun Ausschau. Wenn der alte Mensch am Morgen aufwacht, darf er sich dann allerdings nicht zuerst überlegen: Was tut mir heute weh? Welche neuen Beschwerden sind hinzugekommen? Er sollte sich vielmehr fragen: Wem kann ich heute etwas zuliebe tun?" (Wie finde ich zum Sinn des Lebens? Verlag Herder, Freiburg – Basel – Wien ^{6}1981, S. 79).

Wir müssen dafür sorgen, dass wir im Alter nicht zu sehr „privat" werden. Erst im *Aufeinanderzugehen* bekommt das Leben seinen Sinn und seine Lebendigkeit. „Ohne ein Du kann keiner zum Ich werden", sagt Martin Buber, der jüdische Religionsphilosoph. Dabei sollten wir aber nicht darauf warten, bis vielleicht andere zu uns kommen, sondern wir sollten von uns aus den Weg zu anderen Menschen suchen. Alleinsein ist schön, wenn man allein sein *will,* nicht aber, wenn man es *muss.*

Albert Schweitzer (1875–1965), der berühmte Arzt und Theologe, sagt jedem von uns: „Schafft euch ein *Nebenamt,* ein unscheinbares, womöglich ein geheimes Nebenamt! Tut die Augen auf und sucht, wo ein Mensch ein bisschen Zeit, ein bisschen Teilnahme, ein bisschen Gesellschaft, ein bisschen Fürsorge braucht. Vielleicht ist es ein Einsamer, ein Verbitterter, ein Kranker, ein Ungeschickter, dem du etwas sein kannst. Vielleicht ist's ein Greis, vielleicht ein Kind. Wer kann die Verwendungen alle aufzählen, die das kostbare Betriebskapital, Mensch genannt, haben kann! An ihm fehlt es an allen Ecken und Enden. Darum suche, ob sich nicht eine Anlage für dein Menschentum findet! Lass dich nicht abschrecken, wenn du warten oder experimentieren musst! Auch auf Enttäuschungen sei gefasst! Aber lass dir ein Nebenamt, in dem du dich als Mensch an Menschen ausgibst, nicht entgehen! Es ist dir eines bestimmt, wenn du nur richtig willst."

Wir träumen alle vom Glück, aber dieses Glück liegt oft in einem Stück Brot, einem guten Wort, einem Glas Wein, einer kleinen Freude, einer Aufmerksamkeit, einem längst fälligen Besuch. Wir brauchen einander, wir sind alle aufeinander angewiesen. Nur menschliche *Begegnungen* können die Not der Einsamkeit wenden. Wir müssen darum gerade im Alter Begegnungen wagen, jeden Tag aufs Neue! Ingeborg Düffert und Adalbert Ludwig Balling schreiben: „Was man mit Geld nicht kaufen kann und was wir alle brauchen, sind Liebe, Zuneigung, Wärme, Anerkennung und Freundschaft."

Eine ältere Frau berichtete, an ihrem fünfundachtzigsten Geburtstag habe sie nicht einmal ihr einziger Sohn besucht, obwohl er in der gleichen Stadt wie sie wohne. „Sehen Sie", sagte die Frau gegenüber ihrem Gesprächspartner, „das ist das Schlimmste: warten und insgeheim wissen, dass nichts und niemand mehr kommt – nur der Tod."

Franz von Sales schreibt: „Tun wir für unsere Mitmenschen, was wir tun können! Beten wir für sie und seien wir stets von Herzen hilfsbereit, dann beweisen wir am besten, dass wir sie wirklich von Herzen lieb haben! Eine Freundschaft, die sich in schönen Worten erschöpft, hat wenig Wert. Das ist nicht Liebe, wie sie der Herr uns erwiesen. Ihm war es nicht genug, uns nur in Worten seiner Liebe zu versichern."

Wir alle neigen leicht zu Verschlossenheit und Ungüte, hier und da sogar zu Geiz und Ichsucht. Darf ich Ihnen darum für das Alter einen guten Rat geben? Machen Sie's ähnlich wie die jungen Pfadfinder und loben Sie für jeden Tag eine *gute Tat!* Ein afrikanisches Sprichwort fasst zusammen, worauf es ankommt: „Der Mensch ist die beste Medizin für den Menschen."

Ein altes Märchen erzählt Folgendes:

> Ein junger, wissbegieriger König beauftragte die Gelehrten seines Landes, für ihn alles Wissenswerte der Welt aufzuschreiben. Sie machten sich bald an die Arbeit. Nach vierzig Jahren legten sie das Ergebnis in tausend Bänden vor. Der König, der inzwischen

schon sechzig Jahre alt geworden war, sagte: „Tausend Bücher kann ich nicht mehr lesen. Kürzt alles auf das Wesentliche!“ Nach zehn Jahren hatten die Gelehrten den Inhalt der Geschichte der Menschen in hundert Bänden zusammengefasst. Der König sagte: „Das ist noch zu viel. Ich bin schon siebzig Jahre alt. Schreibt nur das Wesentliche!“ Die Gelehrten machten sich erneut an die Arbeit und fassten das Wichtigste in einem einzigen Buch zusammen. Sie kamen damit, als der König schon im Sterben lag. Dieser wollte wenigstens noch das Wesentlichste aus der Arbeit der Gelehrten erfahren. Da fasste der Vorsitzende der Gelehrtenkommission das Wesentlichste der Geschichte der Menschheit in einem einzigen Satz zusammen. „Sie lebten, sie litten, sie starben. Und was zählt und überlebt, ist die *Liebe.*“

Liebe besteht nicht aus großen Worten, sie steckt im Detail. Sie ist un-berechenbar, einfach, bescheiden und herzlich. Der heilige Paulus sagt uns mit Nachdruck: „Vor allem aber liebt einander, denn die Liebe hält alles zusammen und macht es vollkommen“ (Kol

3,14). In ergreifender Weise hat Jesus die Liebe und Güte des Alters im Vater des verlorenen Sohnes dargestellt: „Schon von Weitem sah ihn sein Vater und ward von Erbarmen gerührt. Er eilte ihm entgegen, fiel ihm um den Hals und küsste ihn“ (Lk 15,20–21).

Ein schlichtes Kalenderwort sagt nicht das Dümmste:

„Ein bisschen mehr Liebe –
und weniger Streit,
ein bisschen mehr Güte –
und weniger Neid,
ein bisschen mehr wir –
und weniger ich,
ein bisschen mehr Kraft –
nicht so zimperlich,
und viel mehr Blumen während
des Lebens,
denn auf den Gräbern,
da sind sie vergebens!“

Laut dem Evangelium nach Matthäus spricht Jesus beim Jüngsten Gericht zu den Gerechtfertigten: „Ihr habt mir zu essen und zu trinken gegeben; ihr habt mich beherbergt und bekleidet; ihr habt mich besucht in meiner Krankheit und ihr seid zu mir ins Gefängnis gekommen.“ Das ist eine deutliche und mahnende Sprache. Sie erinnert uns an das, was im Leben wichtig und was weniger wichtig ist.

In der Ordensregel von Taizé lesen wir: „Am Ende unseres Lebens wird es die Liebe sein, nach der wir beurteilt werden; die Liebe, die wir allmählich in uns haben wachsen und sich entfalten lassen – in Barmherzigkeit für jeden Menschen in der Kirche und in der Welt.“

Gehen wir im Alter aufeinander zu! Das gilt nicht nur für das Verhältnis zu den Mitmenschen. Das gilt auch – und vielleicht noch mehr – für die Beziehung zum *Ehepartner*. Mit dem Eintritt in den Ruhestand ist für Eheleute nun die Zeit gekommen, wo sie ausreichend Zeit füreinander haben und vieles gemeinsam tun können.

Dass dies nicht ganz einfach ist, bestätigt die Erfahrung. Karl Heinz Schmitt und Peter Neysters schreiben in ihrem Buch „Jeder Tag voll Leben“ (Das Buch fürs Älterwerden): „Wie jede Veränderung löst auch das ‚neue Leben‘ in der Ehe zunächst Unsicherheit und Ungewissheit, mitunter sogar Skepsis und Befürchtungen, aus. Bisher eindeutig geregeltes Leben wird aufgehoben, vieles wird neu geordnet und aufeinander abgestimmt sein. Es gibt eine krankmachende, es gibt aber auch eine heilsame Unruhe. Von welcher Art diese Unruhe sein wird, hängt weitgehend von den Ehepartnern selbst ab“ (Kösel-Verlag, München 1996, S. 126).

Was in der Zeit des Berufslebens unterbleiben musste oder in der Hoffnung auf bessere Zeiten zurückgestellt wurde, können Eheleute jetzt *miteinander* tun. Das gibt ihrem ehelichen Leben eine neue Qualität und neue Perspektiven. In der Gemeinsamkeit des ehelichen Tuns wird der „Ruhestand“ nicht zum Stillstand, die wohl verdiente Ruhe nicht zur Langeweile. Die Ehepartner spüren, wie wahr das Wort ist: „Gott hat uns die Zeit geschenkt, von der Hetze hat er nichts gesagt.“

Es ist schön, wenn zwei Menschen nicht nur miteinander „alt“ werden, sondern auch füreinander „jung“ bleiben. Das gelingt aber nur dann, wenn Eheleute das richtige Gleichgewicht herstellen zwischen Nähe und Distanz, Beziehung und Entziehung, Gemeinsamkeit und Selbststand, Wir und Ich. Nähe – falsch verstanden – kann in Übernähe umschlagen, Distanz zur Entfremdung führen. Deswegen müssen Ehepartner die Balance sorgfältig austarieren.

Wem das gelingt, der kann eines Tages mit Heinz Erhardt (1909–1979) Bilanz ziehen und vielleicht so sprechen:

„Wir haben manchen Weg zurückgelegt,
wir beide, Hand in Hand.
Wir schufteten und schufen unentwegt
und bauten nie auf Sand.
Wir meisterten sofort, was uns erregt,
mit Herz und mit Verstand.
Wenn man sich das so richtig überlegt,
dann war das allerhand.“

Zum Schluss noch etwas zum Schmunzeln: „Sagen Sie einmal, was treibt eigentlich Ihr

Mann den ganzen Tag, seit er pensioniert ist?", wird Frau Wagner von einer Bekannten gefragt. – „Ach, nichts Besonderes. Er geht halt seinen Hobbys nach.“ – „So, und was sind seine Hobbys?“ – „Nun, zum Beispiel Geschirrspülen, Kartoffelschälen, Einkaufen …“

Mit einer guten Portion Geduld

Geduld ist eine Kraft, die man sehr oft braucht im Leben. Was wäre an Unheil nicht geschehen, wenn man ein wenig mehr Geduld aufgebracht hätte! Man muss im Leben nur lange genug warten können, dann erlebt man, wie sich viele schier unlösbare Probleme doch noch und manchmal ganz einfach lösen. In der Bibel heißt es: „Lasset alles wachsen bis zur Ernte!"

Dieses Wachsenlassen ist wichtig, aber oft sehr schwer. Wir wissen, dass das Alter die Geduld nicht von selber mit sich bringt. Fast, möchte man meinen, ist das Gegenteil der Fall. Es ist schon fast sprichwörtlich geworden, dass ausgerechnet die älteren Leute keine Zeit haben. Sie haben es immer eilig. Es gibt so etwas wie eine Alters-Ungeduld.

Wie wichtig ist es darum, dass wir die Haltung der Geduld schon frühzeitig einüben und pflegen! Das geduldige Warten muss man immer wieder üben. Die Natur macht keine Sprünge. Alles geht gemach, langsam, aber sicher. Das ist so im Garten, das ist so in der Familie, in der Gemeinde, im Großen der Weltgeschichte und auch in der Kirche. Geduld trägt Rosen, sagt eine nachdenkenswerte Redensart!

Der Bauernsohn Roncalli, der spätere Papst Johannes XXIII., hatte diese Geduld und diese mächtig ausstrahlende innere Ruhe. Das war der Boden seines Humors. Er konnte zuschauen und manchmal nur schmunzeln. Diese breitschultrige Gelassenheit hat ihn für alle Menschen so sympathisch gemacht. Er sagte einmal: „Man muss der Zeit Zeit lassen!"

Das große Urbild solcher Geduld ist Gott, der Vater. Er ist sozusagen die Geduld in Person. Wenn er mit uns Menschen keine Geduld hätte, wenn er, wie wir manchmal meinen, gleich „dreinschlagen" würde – was wäre dann? Seine göttliche Geduld ist unser Trost. Es wäre interessant zu wissen, was Gott denkt, wenn er uns zapplige Ameisen – denn mehr sind wir nicht – auf Erden beobachtet.

Wie schön wäre es, wenn von uns eine gewisse Ruhe, eine gelassene Geduld ausstrahlen würde! Wie wohltuend wäre es, wenn wir unserer hastig-eiligen Zeit etwas von Geruhsamkeit und Besinnlichkeit geben könnten! Wir sollten uns darum kümmern – aber mit Geduld!

Franz von Sales schreibt in einem Brief an seine Mitbrüder: „Haben Sie mit allen Menschen Geduld, aber besonders mit sich selbst!"

Abschließend lässt ich sagen: Man kann im Leben nichts erzwingen. Wir müssen uns immer wieder im Warten üben. Warten können ist ein Zeichen menschlicher Reife. Der Wartende hat sich in der Hand. Er weiß, dass der Anfang einer Sache noch nicht viel über Fortgang und Ende aussagt.

Warten können ist biblisch. Es gibt Bäume, die man erst an den Früchten erkennt. Die ungeduldigen Knechte, die das Unkraut bei seinem ersten Erscheinen ausrupfen wollen, werden vom Herrn verurteilt.

Der Lieblingssohn wäre für immer verloren gewesen, wenn der Vater ihn beim Abschied vom Elternhaus aufgegeben hätte (Lk 15,11–32). Die Drachme und das Schaf (Lk 15,1–10) wären nie gefunden worden, wenn man sich nicht auf längeres, intensives Suchen eingestellt hätte.

Gemeinsam mit Gott unterwegs

Wir wissen nicht, ob wir die vor uns liegende Zeit des Alters gesund oder krank erleben werden. Wir wissen nicht, ob die nächsten Jahre oder Jahrzehnte von Erfolg oder Misserfolg, von Freude oder Mühsal bestimmt sein werden. Eines aber wissen wir als Christen sicher: Wir gehen gemeinsam *mit Gott* unserem Ziel entgegen. Was immer sich auch ereignen mag, Gott ist bei uns. „Wenn man alt wird, entfernt sich alles. Aber Gott kommt", sagt René Bazin.

Gott begleitet uns mit seinem Segen. Er fängt uns auf, wenn wir fallen. „Meine Zeit steht in Gottes Händen", steht im Buch der Psalmen (Ps 31,16). Selbst wenn uns alle Menschen verlassen, Gott verlässt uns nicht. Bei ihm sind wir geborgen wie ein Vogel im Nest. Das sollte uns von Herzen froh machen. Treffend sagt der Dichter Matthias Claudius (1740–1815): „Der Mensch lebt und besteht nur eine kurze Zeit und alle Welt vergeht mit ihrer Herrlichkeit. Es ist nur einer ewig und an allen Enden – und ich in seinen Händen."

„Meine Zukunft liegt in Gottes Hand“, soll einmal ein frommer Fürst gesagt haben, als man ihm ein Buch voller Weissagungen überreichte. Und in der Tat: Gott hat unseren Lebensweg aufs Beste *vorbereitet.* Wer sich seinen Plänen anvertraut, macht jedes Befragen von Wahrsagern überflüssig und darf sicher sein, dass sein Leben auch in der letzten Phase gelingt.

Ein kleines Gebet des berühmten Schauspielers Ernst Ginsberg (1904–1964), der viel im Leben mitmachen musste, kann jedem von uns eine willkommene Hilfe sein: „Ich bitte dich, Herr, um die große Kraft, diesen kleinen Tag zu bestehen, um auf dem großen Weg zu dir einen kleinen Schritt weiterzugehen.“

Der frühere Bischof von Aachen, Klaus Hemmerle, hat einmal gesagt: „Stellen wir uns vor, wir hätten zwei geschlossene Bücher, zwei Kalender für das neue Jahr (wir können auch sagen: für die Lebensphase des Alters, Verf.) vor uns liegen. In dem einen, so heißt es, stehe für jeden Tag vermerkt, was er an Ereignissen, Erfolgen und Misserfolgen, an Glück und Unglück, an Fehlern und guten Taten bringen wird. Der andere enthalte für jeden Tag, wie das eben bei Kalendern üblich ist, ein leeres Blatt. Nur das eine sei auf jedes Blatt geschrieben, das Wort des Apostels Paulus aus dem Galaterbrief: ‚Was ich jetzt noch zu leben habe, das lebe ich im Glauben an den Sohn Gottes, der mich geliebt und sich für mich dahingegeben hat' (Gal 2,20). Wenn wir den erstgenannten Kalender in Ruhe verschlossen zur Seite legten und nur nach dem zweiten griffen, im Bewusstsein, dass hier viel mehr, viel Wichtigeres, viel Aktuelleres, viel Neueres drinnen steht, das wäre Glaube!"

Ein wunderschönes Wort, ein herrlicher Vergleich! Lassen wir den Kalender unseres Lebens – Blatt für Blatt – von Gott beschreiben! Seine Weisheit und Allmacht wird er offenbaren in seiner Güte, auch wenn wir sie nicht immer verstehen. Gott gibt uns nicht, was wir uns *wünschen,* sondern was wir *brauchen.* Das ist Glaube. Und dieser Glaube macht uns bis ans Ende unserer Lebenszeit froh und gelassen.

Als der Philosoph Peter Wust (1884–1940) während des Zweiten Weltkrieges einen Freund besuchte, wurden die beiden von einem Fliegerangriff überrascht. Der Freund des Professors drängte den kranken Philosophen, schnell einen Luftschutzkeller aufzusuchen. Wust lehnte energisch ab. Auf ein Zettelchen schrieb der Philosoph, der wegen eines Zungenkrebses nicht mehr sprechen konnte, die Worte: „Keine Sorge, lieber Freund! Ich befinde mich in absoluter Sicherheit!"

Wie viel Zuversicht und Hoffnung, Ruhe und Gelassenheit sprechen aus diesen Worten! Diese Haltung können nur jene ausstrahlen, die sich ganz an Gott gebunden haben und sich in seinen Händen absolut geborgen und sicher wissen.

„Gott hat viele seiner Verheißungen an das *Vertrauen* gebunden, das Menschen ihm entgegenbringen. Man muss sich auf jeden Fall in die Verfassung bringen, dass die Dinge nicht daran scheitern, dass wir sie Gott nicht zugetraut haben." Diese Worte unbändigen Vertrauens schrieb Pater Alfred Delp kurz vor seinem Tode (2.2.1945) mit gefesselten Händen. Sie mögen auch uns auf unserem Weg ermutigen.

Mit Theresia von Ávila (1515–1582), der spanischen Karmelitin, dürfen wir sagen: „Nichts soll dich ängstigen, nichts dich erschrecken! Alles vergeht! Gott aber bleibt derselbe. Wer Gott besitzt, dem kann nichts fehlen. Gott allein ist genug.“ Oder denken wir an den heiligen Don Bosco (1815–1888), diesen begnadeten Erzieher und Schriftsteller. Er hat einmal das schöne Wort gesprochen: „Halte dich fest an Gott! Mach's wie der Vogel, der doch nicht aufhört zu singen, auch wenn der Ast abbricht. Denn er weiß, dass er Flügel hat.“ Was den Menschen im Leben letztlich hält, ist ein unbeirrbares Gottvertrauen. Gott lässt einen oft lange „hängen“, aber niemals „fallen“. Für ihn gibt es keine hoffnungslosen Fälle.

Wer glaubt, weiß, dass sein Leben in Gottes Hand geborgen ist, dass Gott einen großartigen Kalender über sein Leben entworfen hat. Der Glaubende kann vertrauensvoll in die Zukunft schauen. Papst Johannes XXIII. (1881–1963) hat einmal den schönen Satz gewagt:

> „Wer glaubt, der zittert nicht.“

Das bedeutet: Der Glaube kann zwar für den Menschen die Angst (zum Beispiel vor Krieg, Krankheit, Alter, Vereinsamung, Tod …) nicht aus der Welt schaffen, aber er kann sie mindern und mildern. So sagt Jesus dem Vater Jaïrus in einer menschlich fast aussichtslosen Situation (seine Tochter war soeben gestorben): „Fürchte dich nicht, glaube nur!“ (Mk 5,36). Und den Vater eines besessenen – epileptischen – Jungen richtet der Herr auf mit den Worten: „Alles kann, wer glaubt!“ (Mk 9,23).

Wer an den Vater glaubt, kann nie mehr ganz verzweifelt sein. Selbst dann, wenn die Gespenster der Schwermut und Ausweglosigkeit ihn umlagern, darf er sicher sein, dass gerade die Tiefe, die „Wüste“, der Ort ist, wo der Vater ihn mit seiner Güte umfängt, ihn aufsucht wie einstens den Propheten Elija (1 Kön 19,7ff.). Wer an diesen Vater glaubt, wird nicht der Gefahr erliegen, immer nur zu opponieren und sich vom Groll zerfressen zu lassen.

Ohne Gott – sagt Fjodor M. Dostojewski (1821–1881) – ist der Mensch allein. Der russische Romanschriftsteller und Gottsucher hat diesen Satz als Ergebnis seines Suchens und Ringens formuliert. Man kann nichts anderes tun, als ihm aus innerer Überzeugung heraus voll zustimmen. Das Alter wird zum Geschenk, wenn Gott die Mitte im menschlichen Leben ist. Alles, was nicht in der Mitte aufgehängt ist, hängt schief. Mit Gott in der Mitte bekommt das Leben seinen Sinn, denn „alles vermag ich durch ihn, der mir Kraft gibt" (Phil 4,13). Selbst wenn man „einsam" ist, ist man deswegen noch längst nicht „allein".

Als Vorbilder gotterfüllten Alters stellt uns die Heilige Schrift die Prophetin *Hanna* und den greisen *Simeon* vor Augen. Hanna „diente Gott mit Fasten und Beten Tag und Nacht", heißt es im Lukasevangelium (Lk 2,37). Und von Simeon heißt es: „Er war gerecht und gottesfürchtig und harrte auf den Trost Israels und der Heilige Geist war in ihm" (Lk 2,25). Simeon war nicht nach rückwärts gewandt, sondern er schritt als ein Harrender der ewigen Zukunft entgegen.

Der frühere israelische Ministerpräsident David Ben Gurion hat einmal den berühmten jüdischen Theologen Martin Buber gefragt: „Warum glauben Sie an Gott?“ Martin Buber gab ihm zur Antwort: „Wäre Gott einer, *von* dem man reden kann, würde ich nicht glauben. Weil er aber einer ist, *zu* dem und *mit* dem man reden kann, darum glaube ich an ihn.“

Oft sind wir ratlos, erleben unsere Grenzen und sind immer wieder am Ende mit unserer Weisheit. Das ist nicht leicht zu tragen und zu verkraften. Wie tröstlich ist es dann zu wissen, dass jemand da ist, *zu* dem und *mit* dem wir sprechen können! „Wer gut betet, lebt auch gut“, sagt der Kirchenlehrer Aurelius Augustinus.

Es geht immer noch eine Tür auf, wenn alle anderen Türen bereits verschlossen sind: die Tür zu Gott. Diese Tür stoßen wir auf, wenn wir beten, mit Gott sprechen. Wo sonst finden wir Licht und Trost, Orientierung für unser Handeln und Tragkraft im Leiden als im Gebet, im Gespräch mit Gott?

Vielleicht könnte dem einen oder anderen *Psalm 20* eine kleine Gebetshilfe sein:

„Herr, eine Zuflucht warst du uns von einem zum anderen Geschlecht.

Denn vor deinen Augen sind tausend Jahre wie der Tag von gestern, der schon vergangen, wie eine Wache während der Nacht.

Unter der Glut deines Zorns sind all unsere Tage vergangen und einem Seufzer gleich haben wir unsere Jahre verbracht.

Denn unseres Lebens Summe sind siebzig Jahr, und sind wir rüstig, können es achtzig sein.

Und all ihr Prangen ist Mühsal und Nichtigkeit, denn flüchtig gehen sie vorbei und wir fliegen dahin.

Unsere Tage zu zählen, lehre uns, dass wir zur Weisheit des Herzens gelangen. Kehre dich zu uns, Herr!

Wie lange wartest du noch? Sei deinen Knechten gnädig! Eilends sättige uns mit deiner Huld, dass wir uns freuen mögen und jubeln in unseren Tagen.

Lass so viel Tage uns fröhlich sein, als du uns geprüft, so viel Jahre, als wir Unheil gesehen. Lass deine Werke deinen Knechten offenbar werden, deine Herrlichkeit ihren Kindern.

Die Güte des Herrn, unseres Gottes, sei über uns, und das Werk unserer Hände fördere uns ja, fördere das Werk unserer Hände! Amen.“

Jeden Tag dankbar sein

Zum Altsein gehört wesentlich, dass wir die Haltung der Dankbarkeit in uns pflegen. Wir sollten uns jeden Tag vergegenwärtigen, wie viel Grund wir zur Dankbarkeit haben! Wenn wir am Abend die Fernsehnachrichten sehen und uns die gezeigten Elendsbilder vergegenwärtigen – Verfolgte, Flüchtende, Auffanglager, Gefangene, Hungernde, Kranke ohne ärztliche Hilfe –, dann erkennen wir, wie bevorzugt wir sind – unverdient!

Es ist kaum zu glauben, was die Dankbarkeit aus einem Menschen machen kann! Das gilt besonders für die Zeit des Älterwerdens. Man entdeckt die vielen winzigen Aufmerksamkeiten und merkt, dass im Leben eigentlich gar nichts selbstverständlich war und ist. Das Erlebnis der Dankbarkeit schenkt ein Glücksgefühl, das Jüngere kaum ahnen können.

Artur Rubinstein (1886–1982), ein amerikanischer Pianist von Weltruf, hat einmal gesagt: „Ich habe eine merkwürdige Gewohnheit: Ich freue mich jeden Morgen, wenn ich aufstehe, dass ich noch sehen kann, hören kann, riechen kann; dass ich noch alle Sinne besitze; dass ich noch gehen kann. Das sind doch wunderbare Geschenke! Es könnte ja auch anders sein. Gut, auch damit müsste ich mich abfinden. Aber man muss doch ein bisschen dankbar sein."

Es ist wahr, was uns Martin Buber (1878–1965), der jüdische Religionsphilosoph, sagt: „Je älter man wird, umso mehr wächst in einem die Neigung zu danken." Vielleicht überlegen wir einmal in einer stillen Viertelstunde: Wem habe ich heute besonders zu danken?

Danken hat mit dem Denken zu tun. Nur wer denkt, kann auch danken. Dieses Denken geschieht aber nicht mit dem Verstand. Sonst müssten ja alle grundgescheiten Leute zu den dankbaren Menschen gehören. Oft ist das Gegenteil der Fall! Bei diesem Denken ist das „Denken mit dem Herzen" gemeint. Wer „mit dem Herzen" denkt, weiß: Ein Tag ohne Liebe ist ein verlorener Tag – ein Tag ohne Dank ebenso!

Wie dankbar war der evangelische Theologe Dietrich Bonhoeffer (1906–1945) für ein Gespräch, das er mit seinem Freund im Gefängnis führen durfte! In einem Brief vom ersten Weihnachtstag 1943 heißt es: „Noch zehre ich fast ununterbrochen von deinem Besuch. Er war wirklich eine Notwendigkeit. Es gibt einen geistigen Hunger nach einer Aussprache, der viel quälender ist als der leibliche. Was haben wir in den eineinhalb Stunden alles berührt und voneinander zu erfahren bekommen! Ich danke dir sehr dafür."

Haben nicht auch wir allen Grund, für alles, was wir jeden Tag „geschenkt" bekommen, zu danken? Ein paar Anregungen kann uns ein siebzigjähriger Mann geben, der in sein Tagebuch diese Sätze schrieb:
„Ich danke für die Zeitung, die ich heute Morgen gelesen habe, für die Frau, die sie gebracht hat, für den spannenden Roman, der mir viel Freude gemacht hat!
Ich danke für das Essen, das mich gestärkt hat, für die Getränke, die meinen Durst gestillt haben!
Ich danke für den Spaziergang, den ich ge-

macht habe, für Bäume und Blumen, die mein Herz erfreut haben, für alles, was ich gesehen und gehört habe!
Ich danke für den Jungen, dem ich zusah, wie er vor dem Hause gegenüber spielte, für das Mädchen, das mit Rollschuhen vorsichtig an mir vorbeifuhr!
Ich danke für den ‚Guten Tag', den mir einer gewünscht hat, für das Lächeln, das mir unterwegs geschenkt wurde!
Ich danke für das Dach, das mich beschützt, für das Licht, das mir leuchtet, für die Melodie aus dem Radio, die mich froh macht!"

Es gibt so viele Anlässe, wofür ich im Alter danken kann: zum Beispiel, dass ich lebe, dass ich einigermaßen schlafen kann, dass es Menschen gibt, die für mich sorgen, dass ich jeden Tag an einem gedeckten Tisch sitze, dass ich sehen, gehen, hören und atmen kann, dass ich täglich aufstehen darf, dass ich ein Zimmer und ein Bett habe, dass jemand für mich bei Krankheit sorgt …

Dankbar darf ich sein für eine friedliche Nacht, für einen hellen Morgen, für eine erhaltene Hilfe, für eine erfüllte Zeit, für jedes Lächeln, das mir geschenkt wird, für jedes Gute, für alles Glück, für alle empfangene Liebe, Aufmerksamkeit und Gefälligkeit … Es scheint zu stimmen, dass der Mensch erst dann etwas schätzt, wenn er es nicht mehr hat oder eine Zeit lang entbehren muss.

Glücklich darf sich der nennen, der danken kann! Wer dankt, wird und bleibt menschlich. Erfahrene Lebensberater und Seelsorger sagen mit Recht, sie seien noch nie einem Menschen begegnet, der am Alter zerbrochen sei, solange er danken konnte. Diese Dankbarkeit lernt man allerdings nicht durch Vorträge, sondern nur durch – Danken!

In seiner Güte schenkt uns Gott immer wieder ein großes oder kleines Glück, für das wir dankbar sein dürfen – und sei es nur das fröhliche Schwanzwedeln eines kleinen Hundes oder das kunstvolle Gewebe einer Spinne, in dem im Sonnenlicht Tautropfen aufleuchten. In tausenderlei Gaben lässt sich die Gegenwart des Gebers begreifen – man muss nur Herz und Auge auftun!

Manfred Hausmann sagte an seinem 85. Geburtstag: „Es ist, als offenbare sich erst dem alten Menschen im neuen und intensiven Annehmen der Dinge und Geschöpfe ihr eigentliches Wesen auf dieser – trotz allem – so schönen und geliebten Erde. Vieles von dem, was er früher als eine Selbstverständlichkeit betrachtet hat, wird jetzt zu einem kostbaren Geschenk. Und dann bleibt es nicht aus, dass den alten Menschen ein großes Gefühl vom Kopf bis zu den Füßen durchschauert, immer wieder: Dankbarkeit. Der alte Mensch wird, wenn er nicht von allen guten Geistern verlassen ist, was freilich auch vorkommt, fast zwangsläufig zu einem dankbaren Menschen."

Offensichtlich gelingt Kindern und Menschen, die körperlich oder geistig behindert sind, das Danken besonders gut. In einer Schulstunde wurde bei mongoloiden Kindern gefragt, wofür sie besonders danken könnten. Hier sind einige Antworten:

„Danke für das schöne Schulhaus! – Danke für die neue Rutschbahn! – Danke für das gute Mittagessen! – Danke, dass du mir zugehört hast! – Danke für das Vogelgezwitscher am Morgen! – Danke, dass du heute so lustig gelacht hast! – Danke für meine Eltern und Geschwister! – Danke, dass ich Freunde habe! – Danke für das schöne Wetter! – Danke, dass ich fröhlich sein kann! – Danke, dass ich leben darf!“

Sind diese Aussagen der Kinder nicht eine Einladung an uns Ältere, darüber nachzudenken, wofür jeder von uns danken kann? Wer dankbar ist, der behält ein warmes Gemüt. Machen wir's ähnlich wie die jungen Pfadfinder, die für jeden Tag eine gute Tat geloben. Verpflichten wir uns täglich zum tätigen und betenden Dank für alle empfangenen Wohltaten!

In der Bibel steht die geradezu klassische Geschichte von den zehn Aussätzigen, die geheilt wurden, von denen dann aber nur *einer* zurückkam, um „Gott die Ehre zu geben“, d. h. zu danken. Machen wir's dem einen Geheilten nach! Vergessen wir an keinem Tag in unserem Leben den Dank, den wir alle dem großen Geber alles Guten, dem Gott-Vater, schuldig sind!

Alexej N. Tolstoi (1881–1945), der russische Philosoph und Schriftsteller, erzählt uns in einem seiner Werke von einem König, der einen Einsiedler aufsuchte, um ihm ein paar Fragen vorzulegen. Die erste dieser Fragen lautete: „Welches ist der wichtigste Augenblick meines Lebens?" Darauf antwortete der Einsiedler: „Der wichtigste Augenblick im Leben ist immer der gegenwärtige."

Ja, so ist es. Der gegenwärtige Augenblick ist für Sie, für mich und für alle Menschen der wichtigste. Es ist der einzige Augenblick, der mir wirklich gehört, den ich lebe und erlebe, mit dem ich etwas anfangen kann. Alle Augenblicke meines bisherigen Lebens sind unwiderruflich vorbei und kehren nicht wieder, aber der gegenwärtige ist mir vom Schöpfer geschenkt. Alle Augenblicke der Zukunft sind noch nicht in meiner Gewalt, sie ruhen verborgen in Gottes Hand und warten darauf, mir geschenkt zu werden. Ich weiß nicht, wie viele noch für mich aufgespart sind.

Was ich aber besitze, das ist der gegenwärtige Augenblick. Diesen Augenblick sollten wir dankbar annehmen und ihn leben zur Verherrlichung Gottes, zum Besten unserer Umwelt und zum Wohle unseres Nächsten. „Kümmern wir uns um das Heute“, sagt Mahatma Gandhi, „dann sorgt Gott für das Morgen.“

Mutter Teresa fasst das Gesagte so zusammen: „Wir wollen es dem lieben Gott überlassen, Pläne für die Zukunft zu machen; denn das Morgen ist noch nicht da. Wir haben nur das Heute, um den Menschen zu helfen, Gott zu erkennen, ihn zu lieben und ihm zu dienen. Christus hat uns gesagt, dass wir uns nicht um das Morgen sorgen sollen; denn es liegt in der Hand Gottes. Deswegen bekümmert uns die Zukunft nicht. Außerdem ist Jesus stets derselbe: gestern, heute und morgen. Er bleibt sich immer gleich. Und auf ihn allein kommt es an.“

Hat sich mein Tun gelohnt?

Manchmal überdenkt man sein Leben, zum Beispiel am Ende seiner beruflichen Tätigkeit, und fragt sich: Was habe ich eigentlich geleistet? Hat sich mein Tun *gelohnt*? Wäre die Welt ärmer, wenn ich mit meinem kleinen Stück Leben und Wirken nicht da gewesen wäre? Was hat sich denn durch mich verändert? Ich war doch nur so etwas wie eine kleine Ameise in dem großen Getriebe und Gewimmel des Ameisenhaufens dieser Erde.

Vielleicht gehen unsere Gedanken noch ein wenig weiter: Wenn ich einmal nicht mehr bin – fehlt dann etwas? Wird man mich vermissen? Sicher, ein kleiner Kreis leidet ein wenig unter meinem Weggang, ein etwas größerer Kreis nimmt davon in der Zeitung Notiz und die große, weitere Umwelt weiß überhaupt nichts von meinem Sterben, so wenig sie etwas wusste von meinem Leben.

Solche Gedanken kommen einem gelegentlich – nachts, wenn man nicht schlafen kann, im

Urlaub, wenn man still in einer Kirche sitzt, im Krankenhaus, wenn man krank im Bett liegt. Da denkt man: Wer bin ich schon? Was bin ich schon? Wie unbedeutend ist so ein Menschenleben! Und da macht man sich so viele Mühen und Sorgen im Leben – lohnt es sich denn?

Meine Antwort: Ja – es lohnt sich zu leben. Einfach zu leben und da zu sein. Nichts, gar nichts ist wertlos. Alles, was ist, ist *gut.* Auch wenn es in unseren Augen klein und unscheinbar ist. Das heißt in der Sprache der Bibel: „Gott sah, dass alles gut war." Wenn wir Christen davon ausgehen, dass der gute Gott alles geschaffen hat – außer der Dummheit und der Bosheit, die wir Menschen in die Welt gebracht haben und immer noch hineinbringen –, dann ist alles gut.

Ob etwas sich für einen Menschen rentiert oder nicht, das ist Nebensache. Danach sollte man nicht fragen. Das wäre ein kaufmännisches Nützlichkeitsdenken, das alles in Euro und Cent ausrechnen möchte. Es kommt im Leben nicht auf das *Haben* an, sondern auf das *Sein!*

Als Gott damals beim brennenden Dornenbusch von Mose nach seinem Namen gefragt wurde, gab er die verblüffende Antwort: „Ich heiße: Der Ich-bin-da." So ist es mit allem anderen: Es ist einfach da und das ist schon etwas Großes. Es hat seinen Wert ganz in sich allein. Die einsam blühende Blume irgendwo auf dem Berg, der tummelnde kleine Fisch im Meer, der singende Vogel im Wald, der kleine Kieselstein am Strand – sie sind einfach da. Und man fragt nicht so geizig und kleinlich, ob es sich auch gelohnt hat.

So ist es auch mit dem Menschen. Wir dürfen uns selbst nicht abschätzen nach irgendwelchen Leistungen. Wir sind zunächst *einfach da,* jeder für sich und in sich allein. Mit jedem Menschen kommt und ist etwas Gutes in der Welt. Keiner ist wertlos, auch wenn von ihm nichts in der Zeitung steht und wenn auf seinem Grab keine Berge von Kränzen liegen.

Ein weiterer Gedanke:

In der Jugend hatten wir viele Träume und Hoffnungen. Wir wollten es zu etwas bringen, wollten hoch hinaus. Aber was ist aus diesen Wünschen und Plänen geworden? Nicht selten hört man im Alter den Seufzer: „Ich habe es zu nichts gebracht." Viele stehen im Alter vor einem mageren Lebensbaum.

Ist das so schlimm? Etwas Gutes steckt doch in jedem Menschen und in jedem Leben. Es ist nicht jeder ein großes Licht, aber eine *kleine Kerze,* das ist auch schön. Es ist nicht jeder ein großer Mann, aber dafür ein lieber kleiner Nachbar.

Über die echte Größe eines Lebens und über den echten Wert eines Menschen urteilt schließlich ein anderer – Gott! Überlassen wir darum ihm das letzte Zeugnis über unser Leben! Und klagen wir nicht länger über die nicht erfüllten Träume in unserem Leben, sondern seien wir auch mit dem Kleineren und Wenigeren zufrieden!

Eine letzte Überlegung:

Wir wissen alle, dass das Leben viele *verpasste* Gelegenheiten enthält. Rückwärts schauend kann man nur feststellen: „Wenn ich damals …“, „Hätten wir doch dort …“ oder: „Schade, dass seinerzeit …“ Jetzt aber ist es zu spät. Über dieses „zu spät“ sollten wir uns Gedanken machen. In der Jugend kann man noch sagen: „Später, das hat noch Zeit!“ Wenn man älter wird, sollte man nicht mehr alles auf die lange Bank schieben.

Es gibt viele kleinere „zu spät“, die gar nicht so wichtig sind und die man nicht unbedingt bereuen muss. Wenn einem der Zug, die U-Bahn oder der Bus vor der Nase wegfahren, ist es noch einfach. Man wartet eben auf die nächste Fahrmöglichkeit. Und doch können auch bereits hier Schwierigkeiten und Unannehmlichkeiten auftreten, wenn man etwa zu einer Hochzeit oder zu einem Vortrag wollte. Jetzt kommt man zu spät …

Doch im Leben gibt es noch ganz andere „zu spät“. Wie oft hatten wir uns vorgenommen, nun doch endlich Müllers zu besuchen. Aber wir bekamen nie den Bogen. Immer war etwas anderes los. Nun steht es heute Morgen in der Zeitung: Herr Müller ist gestorben. „Zu spät!“

– Frau Maier wollte schon letzte Woche ihrer Tochter einen Brief schreiben und die ungute Angelegenheit endlich einmal aus der Welt schaffen. Plötzlich bekommt sie einen Herzschlag. „Zu spät!"

Es gibt viele große und sehr gewichtige „zu spät", Versäumnisse, verpasste Chancen, an denen man ein Leben lang und erst recht im Alter zu leiden hat. Wenn Schuld damit verbunden ist, dann sollten wir sie vor Gott tragen und beweinen wie Petrus, bei dem es auch zu spät und doch wieder nicht zu spät war. Er hatte Jesus dreimal verleugnet. Da krähte der Hahn. „Zu spät". Aber er ging dann hinaus und weinte bitterlich. Petrus zerbrach nicht an seiner Schuld.

Man braucht nie zu zerbrechen. Alles kann *gelöst, erlöst* werden. Aber wir sollten uns rechtzeitig darum kümmern. Unsere Altersbank kann kurz sein. Da wird dann das Verschieben kritisch. „Morgen, morgen, nur nicht heute", sagen nicht nur die faulen, sondern auch die feigen Leute. Das Heute haben wir, das Morgen ist ungewiss – vielleicht ist es dann „zu spät".

Zum Schluss noch ein positives Beispiel. Da gab es einen Herrn Wagner (Name geändert). Er grollte seit Jahren seinem Chef in der Firma, völlig zu Unrecht. Wenige Monate vor Herrn Wagners Eintritt in den Ruhestand kamen die beiden – durch gütige Vermittlung – zu einem Gespräch zusammen. Es kam zu Frieden und zu großer Freude. Es war Gott sei Dank nicht „zu spät". Beide lebten noch etliche Jahre und waren froh.

Es gibt keine Rosen ohne Dornen

„Es gibt keine Rosen ohne Dornen." Schon in den besten Jahren sollten wir Ja sagen zu dieser Lebensweisheit. Es gibt noch eine ganze Reihe ähnlicher Volksweisheiten, wie zum Beispiel: „Kein Dach ohne Ach", „Kein Häuschen ohne Kreuzchen", „Kein Seidenkleid ohne Herzeleid". In der Sprache der Bibel heißt das: „Es gibt kein Leben ohne Kreuz."

Das Leben ist ein *Kreuzweg* mit unterschiedlichen Stationen. Man kann nicht immer nur über „Wiesen" wandern, man muss auch durch die „Wüste" gehen. „Was weiß eigentlich ein Mensch, der nicht gelitten hat?", fragt mit Recht der Mystiker und Wanderprediger Heinrich Seuse (1295–1366). Vom Leben gar nichts! Jesus sagt uns: „Wer mir nachfolgen will, der nehme sein Kreuz auf sich!"

Der Kirchenlehrer und Ordensgründer Franz von Sales (1567–1622) schreibt:

„In diesem vergänglichen Leben gibt es … nichts Gutes, dem nichts Böses auf dem Fuß folgte, keinen Reichtum ohne Sorgen, kein Ruhen ohne Plage, keine Freude ohne Leid, keine Gesundheit ohne Krankheiten. Kurzum, alles ist miteinander vermischt, es ist ein ständiges Auf und Ab, Hin und Her … Gott wollte den Wechsel der Jahreszeiten: Auf den Sommer sollte der Herbst, auf den Winter der Frühling folgen, damit wir einsehen, dass in diesem Leben nichts von Bestand, nichts ‚von Dauer' (Koh 2,11) ist und alles Zeitliche ständig im Fluss, den Veränderungen und dem Wechsel unterworfen … Weil man sich dieser Wahrheit so wenig bewusst ist, deshalb gibt es die wechselnden Launen und Stimmungen. Man hört eben nicht auf die Vernunft, die Gott uns verliehen, und doch macht gerade sie uns Gott ähnlich, weil ihr Unwandelbarkeit, Beständigkeit und Festigkeit zu eigen sind."

Es ist töricht, im Leben nur die Rosen haben zu wollen und nicht auch die Dornen in Kauf zu nehmen. „Des Lebens ungetrübte Freude ward (und wird) keinem Sterblichen zuteil", sagt der Dichter Johann Wolfgang von Goethe (1749–1832) im „Faust". Das haben wir doch alle in unserem bisherigen Leben zur Genüge erfahren.

Als wir jung waren, haben wir oft von Rosen ohne Dornen geträumt. Im Alter ist es dann häufig umgekehrt: Man glaubt, dass es auch Dornen ohne Rosen gibt. Aber das stimmt nicht! Wo Dornen sind, da blüht früher oder später auch einmal eine Rose. Man muss nur *warten* können und die *Augen offen halten,* um diese Rose dann zu finden.

In einem überlieferten Vers heißt es:

> „Immer, wenn du meinst, es geht nicht mehr,
> kommt von irgendwo ein Lichtlein her,
> dass du es noch einmal wieder zwingst
> und von Sonnenschein und Freude singst,
> leichter trägst des Alltags harte Last
> und wieder Kraft und Mut und Glauben hast."

Viele Menschen sehen oft nur die Dornen in ihrem Leben. Sie reißen sich wund daran. Sie klagen und jammern und hadern mit Gott. Das ist oft gerade im Alter der Fall. Man wird leicht verbittert und griesgrämig. Man verliert den Glauben an alles Schöne, Helle, an die Liebe. Auch das tiefste Leid in der Welt ist nicht sinnlos. Man muss nur *Vertrauen* haben zum Leben, und wenn man ein Christ ist, Vertrauen haben zu Gott, der hinter dem „Leben" steht.

Gewiss, im Alter, im Herbst des Lebens, gibt es nicht mehr so viele Rosen wie in der Jugend, im Frühling des Lebens. Es ist vorbei mit dem Lied: „Jetzt sind die Tage der Rosen …" Die Dornen gedeihen offensichtlich besser als die Rosen. Aber so ganz ohne Rosen, so ganz ohne Freude, ist auch der Herbst des Lebens nicht. Diese paar Rosen sollten wir sehen lernen und für sie dankbar sein. Dann gelingt es uns auch besser, die unvermeidlichen Dornen geduldig zu ertragen.

Im Übrigen ist der Blick auf die Rosen im Leben ein gutes und empfehlenswertes *Verjüngungsmittel.* Wenn die Spuren des körperlichen Älterwerdens sichtbar werden und mit Hilfe der Kosmetik nicht mehr zu retuschieren sind, dann sollte man sich wieder an die „natürlichen“ Verjüngungsmethoden erinnern. Und die natürlichstes Verjüngungsmethode besteht immer noch darin, sich überflüssige Sorgen zu ersparen und in allem, was im Leben an Schwerem auf einen zukommt, noch einen Sonnenstrahl zu entdecken.

Der Schriftsteller Theodor Fontane (1819–1898) fasst das Gesagte in einem kleinen Gedicht zusammen:

„Nicht Glückes bar sind deine Lenze,
du forderst nur des Glücks zu viel;
gib deinem Wunsche Maß und Grenze
und dir entgegen kommt das Ziel.

Das Glück, kein Reiter wird erjagen,
es ist nicht dort, es ist nicht hier;
lern überwinden, lern entsagen
und ungeahnt erblüht es dir.“

Von dieser Haltung beseelt war ein zittriger alter Mann, der in einem Pflegeheim tagaus tagein im Bett lag. Er hatte in der dornenreichen Situation seines Lebens einen großartigen Sinn gefunden. „Ich bete für die Missionare, die selber oft zu wenig Zeit zum Beten haben", versicherte er wohlgemut während eines Gespräches. „Das tue ich, solange mir Gott das Leben und den klaren Kopf lässt."

Ohne Humor ist alles nichts

Haben Sie heute schon gelacht oder wenigstens gelächelt? Der Humor ist etwas gut Menschliches. Wohl dem, der davon hat! Mit etwas Humor im Herzen kann jeder die ihm von Gott gestellte Lebensaufgabe leichter und besser meistern. Das gilt auch und gerade für die Zeit des Alters, in der viele Menschen bekannterweise eher zum Ernst als zum Humor neigen.

Wir sollten uns darum rechtzeitig um die Haltung des Humors kümmern. Das kann man ein wenig lernen. Dazu bedarf es weniger einer körperlichen Anstrengung als vielmehr einer gesunden Selbsterziehung und Selbsteinschätzung. Und das Rezept könnte lauten: sich weniger wichtig nehmen, Gereiztheiten ablegen, mit Gelöstheit reagieren! „Jetzt, da das Alter kommt“, schreibt der brasilianische Erzbischof Dom Hélder Câmara, „muss ich vom Wein lernen, mit den Jahren besser zu werden und vor allem der schrecklichen Gefahr zu entgehen, mit dem Alter zu Essig zu werden.“

Viele überlieferte Worte zeigen uns, wie wichtig, wie lebens-wichtig Frohsinn, Heiterkeit, Humor und Freude im menschlichen Leben sind: „Das Beste, was wir auf Erden tun können, ist: Gutes tun, fröhlich sein und die Spatzen pfeifen lassen“ (Don Bosco). – „Der Heiterkeit sollen wir, wenn sie sich einstellt, Tür und Tor öffnen, denn sie kommt nie zur unrechten Zeit. Heiterkeit ist unmittelbarer Gewinn“ (Arthur Schopenhauer). – „Humor ist der Knopf, der verhindert, dass uns der Kragen platzt“ (Joachim Ringelnatz).

Natürlich kann man ohne Heiterkeit im Herzen leben, aber man fragt sich doch zu Recht: Ist denn das ein Leben? „Humor ist der Schwimmgürtel des Lebens“, ist beim deutschen Dichter Wilhelm Raabe (1831–1910) zu lesen. Das gilt für alle Altersstufen, für Junge und für Alte. Humor ist das Öl in unserem Leben.

Es ist niemandem verwehrt, sich über alles im Leben zu ärgern, nur verpflichtet ist man dazu nicht. In der Heiligen Schrift ist zu lesen: „Überlasse dich nicht der Sorge, schade dir nicht selbst durch dein Grübeln! Frohsinn verlängert die Tage. Überrede dich selbst, beschwichtige dein Herz, halte Verdruss von dir fern! Denn viele tötet die Sorge und Verdruss hat keinen Wert. Neid und Ärger verkürzen das Leben, Kummer macht vorzeitig alt" (Sir 30,21–24).

Eine kleine persische Geschichte kann uns zum Nachdenken einladen: Drei befreundete alte Männer saßen zusammen und sprachen von den Freuden der Jugend und der Last des Alters. „Ach", stöhnte der eine: „Meine Glieder wollen nicht mehr, wie ich will. Was bin ich doch früher gelaufen, wie ein Windhund, und jetzt lassen mich meine Beine so im Stich, dass ich kaum mehr einen Fuß vor den anderen setzen kann."

„Du hast Recht", pflichtete ihm der zweite bei. „Ich habe das Gefühl, meine jugendlichen Kräfte sind versickert wie das Wasser in der Wüste. Die Zeiten haben sich geändert und zwischen den Mühlsteinen der Zeit haben wir uns geändert." Der dritte, ein Mullah, ein Laienprediger, kaum weniger klapprig als seine

Gefährten, schüttelte den Kopf: „Ich verstehe euch nicht, liebe Freunde. Ich kenne das alles von mir nicht, worüber ihr klagt. Ich bin genauso kräftig wie vor vierzig Jahren."

Das wollten ihm die anderen nicht glauben. „Doch, doch", ereiferte sich der Mullah. „Den Beweis dafür habe ich erst gestern erbracht. Bei mir im Schlafgemach steht schon seit Menschengedenken ein schwerer eichener Schrank. Vor vierzig Jahren habe ich versucht, diesen Schrank zu heben, aber was glaubt ihr, Freunde, was geschah? Ich konnte den Schrank nicht heben. Gestern kam mir die Idee, ich sollte einmal den Schrank anheben. Ich versuchte es mit allen Kräften, aber wieder schaffte ich es nicht. Damit ist doch eines klar bewiesen: Ich bin genauso kräftig wie vor vierzig Jahren!"

Im Volksmund heißt es: „Humor ist nicht alles, doch ohne Humor ist alles nichts." Echter Humor – kein künstlicher, kein aufgesetzter Humor – macht unser Herz weit und froh, friedlich und gut. Können wir uns Besseres wünschen? Das ist doch weit wichtiger, als ob meine Nase zu kurz oder zu lang, zu platt oder zu spitz geraten ist; ob mein Gesicht Sommersprossen zieren oder ob die Falten immer mehr zunehmen.

Irgendwo war der Spruch zu lesen: „Humor haben und vergnügt sein ohne Geld, das ist der Stein der Weisen." Da ist viel Wahres daran, das haben wir gewiss schon selber bei uns und bei anderen erlebt. Geld ist das Wenigste, was man braucht, um wirklich innerlich zufrieden und glücklich zu sein. Gerade die innere Freude und Fröhlichkeit kann man mit Geld nie kaufen …

„Das Leben meistert man lächelnd – oder überhaupt nicht", sagen die Chinesen. Natürlich ist das Leid im Leben schwer zu ertragen. Natürlich lässt uns eine Krankheit bittere Stunden durchleben. Aber ist das alles schon ausreichend, um vor dem einfallenden Sonnenstrahl der Heiterkeit die Läden zu verschließen und in finsterer Resignation den Weltschmerz auszubrüten?

Da gab es einen älteren Mann, der so natürlich und herzlich lachen konnte, dass seine nähere

Umgebung sehr viel Freude an ihm hatte. Er war immer zu einem Späßchen aufgelegt. Noch auf dem Sterbebett strahlte er Fröhlichkeit aus. „Ich weiß gar nicht“, sagte er, „anderen Leuten fällt das Sterben so leicht und mich bringt es schier um!“ Solcher Humor hat seinen Grund darin, dass man den Dingen im Leben den ihnen zustehenden Platz einräumt und darüber hinaus das Leben selbst in einen höheren Sinnzusammenhang eingeordnet weiß.

Wie viel Humor besaß zum Beispiel Papst Johannes XXIII. (1881–1963)! „Endlich wieder ein Papst, der fröhlich ist und lacht“, raunten sich Christen und Nichtchristen gegenseitig zu. Selten war ein Papst bei allen Konfessionen so beliebt wie Johannes XXIII. Er war heiter und gelassen, verstand zu schmunzeln und zu lächeln und – er nahm sich nicht so wichtig!

Folgende Begebenheit wird von ihm berichtet: Papst Johannes XXIII. hatte einen Erzbischof zum Kardinal ernannt. Einige Zeit später wurde der neue Kardinal vom Papst in Audienz empfangen. Aber – wie sah er aus! Völlig abgemagert war er und nervös! Johannes XXIII. erkundigte sich nach seinem Wohlergehen. Der Kardinal rückte nach einigem Zögern mit der Sprache heraus. Es gehe ihm gar nicht gut. Seit der Ernennung zum Kardinal schlafe er schlecht. Er habe keinen Appetit, mache sich Tag und Nacht Sorge um die Kirche, die schlimmen Zeiten entgegengehe, die Verantwortung laste schwer auf ihm. Es sei so schwer, Hirte einer so verwirrten Herde zu sein!

Der gütige Johannes hörte geduldig und still vor sich hin lächelnd zu und meinte dann, ihm sei es ähnlich ergangen, als er Papst geworden sei. Er habe anfangs auch schlecht geschlafen. Überall habe er unerfüllte und unerfüllbare Aufgaben gesehen. Aber jetzt gehe es ihm besser. Er könne auch wieder schlafen und sei morgens ausgeruht.

Der Kardinal fragte den Papst, ob er am Abend ein „Mittel“ einnehme. Johannes XXIII. verneinte und sagte wiederum lächelnd, dass eines Nachts, als er wach dagelegen sei, ihm sein Schutzengel gesagt habe: „Giovanni“ (so hieß der Papst mit dem Taufnamen), „nimm dich nicht so wichtig!“ An diesen Rat habe er sich seitdem gehalten!

Wer lächelt und sich selbst nicht so wichtig nimmt, der schafft das Alter. „Seitdem ich mich selbst nicht mehr so wichtig nehme“, schrieb eine ältere Frau, „kann ich das Altern ohne Bitterkeit, ohne Resignation auf mich nehmen. Ich werde toleranter, werde gelassen und spüre, dass ich in eine reife Menschlichkeit hineinwachse.“

Humor besaß – um noch ein weiteres Beispiel zu nennen – der bekannte evangelische Pfarrer Flattich. Auf dem Gang durch seine Gemeinde hörte er durch das offene Fenster hindurch, wie über seine Person geschimpft wurde. Er ging nach Hause und hieß die Pfarrmagd, gleich einen Laib Brot und eine Schüssel Mehl in das Lästerhaus zu bringen und auszurichten, das sei der „Wäscherlohn“.

Die überraschte Frau erschien alsbald im Pfarrhaus: Da müsse ein Missverständnis vorliegen, sie habe für die Pfarrersfamilie nicht gewaschen, darum stehe ihr auch kein Lohn zu. Da erwiderte ihr Pfarrer Flattich: „Doch, doch, denn ich bin in meinem Leben noch nie so gewaschen worden wie vor einer Stunde von euch und eurer Nachbarin.“

Echter Humor macht frei: Er lässt uns über die „Kochtopfperspektive“ unseres eigenen Ichs hinaussehen. Er bewirkt, dass wir nicht zum Gefangenen unseres Selbst werden. Der englische Staatsmann und Märtyrer Thomas Morus (1478–1535) hat diesem Anliegen schon vor 500 Jahren ein Gebet gewidmet:

> „Schenke mir eine gute Verdauung, Herr, und auch etwas zum Verdauen! Schenke mir Gesundheit des Leibes, mit dem nötigen Sinn dafür, ihn möglichst gut zu erhalten!
> Schenke mir eine heilige Seele, Herr, die das im Auge behält, was gut ist und rein, damit sie im Anblick der Sünde nicht erschrecke, sondern das Mittel finde, die Dinge wieder in Ordnung zu bringen!
> Schenke mir eine Seele, der die Langeweile fremd ist, die kein Murren kennt und kein Seufzen und Klagen, und lass nicht zu, dass ich mir allzu viel Sorgen mache um dieses

sich breit machende Etwas, das sich ‚Ich‘ nennt!
Herr, schenke mir Sinn für Humor, gib mir die Gnade, einen Scherz zu verstehen, damit ich ein wenig Glück kenne im Leben und anderen davon mitteile!“

Die Frage nach dem Wohin

Von der Geburt an sind wir unterwegs zum Alter und zum Tod. „Nascentes morimur“, sagten die Römer, „mit der Geburt beginnt das Sterben.“ Das Alter stellt unausweichlich die Frage nach dem letzten Sinn des Lebens, nach dem *Woher* und dem *Wohin.* Papst Johannes XXIII. hat sie im hohen Alter so beantwortet: „Die dritte Lebensstufe ist für mich die schönste; denn sie ist die Vigil des ewigen Lebens.“

Was lesen Sie morgens als Erstes in der Zeitung? Politik? Börsenkurse? Wetter? Wichtiges aus der Region? Viele schauen, wenn sie die Überschriften auf der ersten Seite überflogen haben, nach den Todesanzeigen. Ein boshafter Zeitgenosse meinte einmal, das sei das einzig Wahre in der ganzen Zeitung. Aber das stimmt so nicht. Denn selbst in den Todesanzeigen wird manchmal gelogen, wenn man da etwa liest: „Wir werden ihn nie vergessen …“

Beim Lesen der Todesanzeigen stellen wir fest, dass wir den einen oder anderen gekannt haben. Wir sind erschrocken und denken: „Was, der Herr XY ist gestorben?“ Dann fangen wir an zu vergleichen und stellen fest, dass unter den Angezeigten Leute sind, die jünger sind als wir. Nun ja, der Tod macht eben keine Ausnahme. Jugend ist nicht unsterblich.

In anderen Anzeigen stellen wir fest, dass die dort Genannten etwa in unserem Alter sind. Dann kommt der Gedanke: Heute dir – morgen mir! Schließlich lesen wir Todesanzeigen, in denen von Menschen die Rede ist, die ein hohes Alter erreicht haben. Dann steigt die Hoffnung in uns auf: So alt könnten wir ja auch werden! Warum denn nicht?

Dann schlagen wir die anderen Seiten der Zeitung auf, die Seiten von flutendem Leben. Wir schieben die Gedanken und Überlegungen angesichts der Todesanzeigen beiseite. Wir vergessen die Toten und den Tod. Begreiflich! Die Toten, der Friedhof sind ja weit draußen. Früher war der Totenacker (auch Gottesacker genannt) rund um die Kirche, mitten in der Gemeinde. Da ging man Sonntag für Sonntag zu den Toten und betete für sie.

Heute ist es so, dass der Totenwagen die Toten so schnell wie möglich aus dem Hause holt. Aus dem *Auge,* aus dem *Sinn*! Der Zug der Trauernden, der den Sarg begleitet, geht nicht mehr durch die Straßen der Gemeinde. Das heißt: Wir erleben das Sterben, den Tod, nicht mehr so intensiv wie früher. Das ist sehr angenehm, aber nicht gerade gut. Wir fürchten und fliehen diese ganze Welt der Toten und des Todes.

Vergeblich! Wir müssen uns eines Tages doch stellen. Es gibt wohl eine Flucht vor dem Tod, aber keine Rettung. Was wollen, was können wir tun? Wir müssen Ja sagen zum Tod, aber nicht in ohnmächtiger Resignation, sondern in gläubiger Hoffnung. Das richtige Verhältnis zum Sterben zu gewinnen, ist eine dauernde Aufgabe für jeden von uns. Wenn man alt ist, *muss* man sterben, wenn man jung ist, *kann* man sterben.

Im „Nachtgebet" des deutschen Schriftstellers Carl Zuckmayer (1896–1977) heißt es:

„*Junge Leute* werden manchmal wach
Und wissen, dass sie sterben müssen.

Dann erschauern sie kurz
Und sehen verschiedene Bilder
Und denken: Jeder muss sterben, und:
Es ist noch Zeit.

Alte Leute werden manchmal wach
Und wissen, dass sie sterben müssen.
Dann wird ihr Herz bang,
Denn sie haben gelernt,
Dass niemand weiß, wie Sterben ist,
Dass keiner wiederkam, davon zu verkünden,
Dass sie allein sind, wenn das Letzte kommt.
Und wenn sie weise sind,
Dann beten sie. Und schlummern weiter."

Der im Jahr 1983 verstorbene frühere Bischof der Diözese Rottenburg-Stuttgart, Georg Moser, hat einmal gesagt: „Wir sollten jeden Tag auf unseren Tod eingestellt sein. Sterben ist ein Abschiednehmen, ein Heimgehen zum Vater, die letzte Liebeserklärung Gottes an den Menschen: ‚Komm, du guter und getreuer Knecht, geh ein in die Freude deines Herrn' (Mt 25,23)."

Knapper und treffender kann die christliche Botschaft vom Sterben kaum noch ausgedrückt werden. Nicht nur Allerseelen, Volkstrauertag und Totensonntag konfrontieren uns mit dem Tod. Nein, *mitten im Leben* sind wir vom Tod umfangen – sei es zu Hause oder auf der Straße, nach langer Krankheit oder bei einem plötzlichen Herzinfarkt. Erwarten wir ihn überall!

Der Tod ist ein Thema, das rechtzeitig und gründlich bedacht werden muss. Denn wir vergessen allzu leicht, dass *Tod* und *Leben* zusammengehören. Nur der, der sich seines Todes bewusst ist, wird und kann auch sein Leben bewusster führen. Er wird jeden Tag, der ihm geschenkt ist, dankbar annehmen und die Gnade jeden Augenblicks aufmerksamer wahrnehmen.

Papst Johannes XXIII. hat einmal gesagt: „Das Leben, das mir verbleibt, soll nichts als eine gelassen-heitere *Vorbereitung* auf den Tod sein. Ich nehme ihn an und erwarte ihn im Glauben und Vertrauen. Vertrauen, nicht in mich selbst, denn ich bin ein armer Sünder, aber in die unendliche Barmherzigkeit des Herrn, dem ich alles verdanke, was ich bin und habe."

Es ist schon merkwürdig, wie wir uns meist verhalten. Das Einzige, was ganz sicher kommt, ist der Tod – und an den denken wir, besonders dann, wenn wir noch beruflich tätig sind, am wenigsten. Wir gleichen den Menschen in einem Wartesaal. Wir wissen aber nicht, wann unser Zug kommt und uns mitnimmt. Wohin? Als Christen wissen wir zum mindesten, wohin die Reise geht. „Ich bin die Auferstehung und das Leben", sagt Jesus. „Wer an mich glaubt, wird leben, auch wenn er jetzt stirbt. Und wer lebt und an mich glaubt, wird in Ewigkeit nicht sterben" (Joh 11,25f.).

In dem Brief eines 60-jährigen Mannes, der sich wegen eines Herzfehlers vorzeitig pensionieren lassen musste, heißt es: „Ein religiöser Mensch bin ich eigentlich nie gewesen. Aber jetzt lässt mir die Frage keine Ruhe, ob denn mit dem Tode alles aus ist. Gibt es ein Ziel jenseits dieser Grenzen? Wenn nicht, dann wäre doch alles sinnlos, absurd! Ehrlich gesagt: Ich beneide die Menschen, die einen letzten Halt haben, eine unbeirrbare Hoffnung. Habe ich etwa am Leben vorbeigelebt?"

Einer, der nicht am Leben vorbeigelebt hat und der fest im Glauben beheimatet war, war Sigismund von Radecki (1891–1970), der bekannte Schriftsteller und Übersetzer. Von ihm stammt das schöne und nachdenkenswerte Wort: „Wie einer das Alter, wie einer *sein* Alter bewertet – es wird sich daran entscheiden, ob er glauben kann, dass der Tod nicht bloß Abschied, sondern auch Ankunft ist."

Christen erwarten das ewige Leben, die ewige Freude. „Ewig" bedeutet kein Zeitmaß. „Ewig" ist auch nicht so viel wie „endlos". „Ewig" meint vielmehr un-vorstellbares, un-endliches, un-sagbares Glück. Wenn wir die Gleichnisse Jesu überdenken, dürfen wir hoffen, dass Gott eines Tages die kühnsten Erwartungen eines Menschen übertreffen wird.

Igino Giordani (1894–1980), italienischer Schriftsteller und Politiker, sagt: „Das Leben ist wie ein Baum, der zum Himmel wächst, um in der Ewigkeit zu blühen. Die Jahreszeiten, Krankheiten, Enttäuschung und Leid sind wie das Beschnittenwerden. Unter dem Regen der Tränen wächst der Baum, er wird geläutert, bis er klar und rein in den Himmel reicht. Das Leben ist nichts anderes als ein Reifungsprozess; und dazu gehören Läuterungen, die wehtun. Zur Zeit der Ernte holt Gott die Früchte ein und verpflanzt den Baum in den Himmel."

In der Heiligen Schrift gibt es Aussagen, die uns aufhorchen lassen: Den Jüngern, die alles verlassen haben, hat der Herr verheißen, dass er ihnen alles „hundertfach" vergelten werde. Johannes lässt uns in der „Apokalypse", dem letzten Buch des Neuen Testamentes, wissen, dass alles, was uns jetzt das Leben schwer macht, aufhören wird: „Der Tod wird nicht mehr sein, keine Trauer, keine Klage, keine Mühsal. Denn was früher war, ist vergangen" (Offb 21,4).

Freude wird herrschen – grenzenlose Freude! Denn „kein Auge hat es je gesehen, kein Ohr hat es je gehört, keines Menschen Herz hat es jemals empfunden, was Gott denen bereitet, die ihn lieben." Gott wird dem Menschen begegnen mit einem Verstehen, das jedes Begreifen übersteigt. Ob dies nicht jetzt schon ein Grund zur Freude ist?

Phil Bosmans schreibt: „‚Du wirst sterben, aber du wirst wieder leben. Du wirst auferstehen.‘ Das ist Ostern. Eine unglaubliche Botschaft. Eine fantastische Freude. Wenn du das glauben kannst, wird es dich so überwältigen, dass du vor Freude tanzen und springen wirst. Deine Tage werden neu werden. Die Sonne wird scheinen. Die Menschen werden lachen und fröhlich sein. Du hast ein Stück des verlorenen Paradieses wiedergefunden“ (Ich hab dich gern. Verlag Herder, Freiburg i. Br. 1986, S. 80).

Was die Vorbereitung auf den Tod angeht, ist das *Gebet* das beste und hilfreichste Mittel. Wie schön hat zum Beispiel der evangelische Theologe Dietrich Bonhoeffer (1906–1945) gebetet, als er im Angesicht des Todes sein ganzes Leben in die Hände Gottes legte:

> „Herr, Gott, großes Elend ist über mich gekommen. Meine Sorgen wollen mich erdrücken. Ich weiß nicht ein noch aus. Gott, sei mir gnädig und hilf! Gib Kraft zu tragen, was du mir schickst! Lass die Furcht nicht über mich herrschen, sorge du väterlich für die Meinen!

> Barmherziger Gott, vergib mir alles, was ich an dir und den Menschen gesündigt habe! Ich vertraue deiner Gnade und gebe mein Leben ganz in deine Hand. Mach du mit mir, wie es dir gefällt und wie es gut für mich ist! Ob ich lebe oder sterbe, ich bin bei dir und du bist bei mir, mein Gott. Herr, ich warte auf dein Heil und auf dein Reich"(-Gotteslob [1975] 9,2).

Bekannt ist das Gebet von Kardinal John Henry Newmann (1801–1890): „O Herr, in deinen Armen bin ich sicher; wenn du mich hältst, habe ich nichts zu fürchten ..." Und als Kinder haben wir oft das kurze, aber schöne Gebet gesprochen: „O Gott, schließ mir dein Herz nicht zu, bei dir allein ist wahre Ruh'. Lass nie mich von der Gnade dein, von deiner Lieb' geschieden sein!"

In diesem Glauben betete auch der große Mathematiker und Philosoph Blaise Pascal (1623–1662): „Herr, ich bitte nicht um Gesundheit, nicht um Krankheit, nicht um Leben, nicht um Tod. Ich bitte aber: Nimm meine Gesundheit, meine Krankheit, mein Leben, meinen Tod in deine Hand!"

Ebenso tröstlich wie hilfreich bei der Vorbereitung auf das Sterben ist das von vielen seit jungen Jahren geliebte Gebet: „Seele Christi, heilige mich“:

„Seele Christi, heilige mich!
Leib Christi, rette mich!
Blut Christi, tränke mich!
Wasser der Seite Christi, wasche mich!
Leiden Christi, stärke mich!
O gütiger Jesus, erhöre mich!
Birg in deinen Wunden mich!
Von dir lass nimmer scheiden mich!
Vor dem bösen Feind beschütze mich!
In meiner Todesstunde rufe mich,
mit deinen Heiligen zu loben dich
in deinem Reiche ewiglich!
Amen.“

Das Gebet – der „Atem der Seele“, wie die Weisen aller Jahrhunderte sagen – ist wie ein Seil, an dem Gott uns in seine Nähe zieht. Vielleicht kann Ihnen, liebe Leserinnen und Leser, das folgende Gebet um eine gute Todesstunde eine kleine Hilfe sein:

„Guter und barmherziger Gott! Ich weiß nicht, wie lange ich noch zu leben habe. Das liegt allein in deinen Händen. Um eines aber bitte ich dich: Nimm von mir die Angst vor dem Sterben und dem Tod! Lass mich nicht krampfhaft an diesem irdischen Leben kleben und nicht um ein paar Jahre, Wochen oder Tage feilschen! Hilf mir, dem Tod mit Ergebung und Gelassenheit entgegenzusehen, erfüllt von der Hoffnung auf die Auferstehung! Schenke mir eine gute Todesstunde und lass mich eines Tages glücklich bei dir wohnen!"

Nach dem Bericht einer Illustrierten hat ein Fachmann nachgewiesen, dass wir – bei entsprechend wissenschaftlich vorgeschriebener Lebensweise – unsere 150 Jahre alt werden könnten. Und wenn es nicht ganz zu 150 reicht, dann aber doch auf alle Fälle über die 100 Jahre. Wie es heute selbstverständlich ist, dass man seine 80 Jahre alt wird, so könnte es also eines Tages selbstverständlich sein, dass man so an die 100 Jahre alt wird.

Ist das ein erstrebenswertes Ziel? Man könnte vielleicht bis 70 arbeiten (einige Politiker haben das ja bereits für die heutige Zeit vorgeschlagen), aber dann käme der lange Feierabend. Kann man 30 Jahre lang (oder länger) seinen gewiss wohlverdienten Ruhestand genießen? Mancher wird jetzt etwas voreilig sagen: Warum denn nicht? Ich selbst aber glaube das nicht. Das wäre so unnatürlich, wie wenn der Herbst des Jahres sechs Monate dauern würde. Es hat in der Natur alles seine Zeit, auch beim Menschen.

Nebenbei gesagt: Zur Zeit Christi betrug die durchschnittliche Lebenserwartung etwa fünfundzwanzig, zu Beginn des neunzehnten Jahrhunderts rund fünfunddreißig Jahre. Der Rektor der Universität Königsberg redete bei einer Feier zum fünfzigsten Geburtstag Immanuel Kants den großen Gelehrten mit den Worten an: „Verehrter Greis!“ Das wagen wir heute zu keinem Siebzigjährigen zu sagen!

Man soll dem Herrgott, der ja hinter der Natur steht, nicht ins Handwerk pfuschen und das Leben unter allen Umständen und mit aller Gewalt verlängern. Einmal geht es dann doch zu Ende. Und das ist normalerweise vor dem 100. Geburtstag der Fall. Damit sollten wir uns abfinden und nicht davon träumen, unbedingt 100 oder über 100 Jahre alt werden zu wollen.

So ungeheuer herrlich ist dieses Leben schließlich auch wieder nicht, dass es sich lohnen würde, so alt zu werden. Allerdings, wer nichts anderes hat als nur dieses Leben auf Erden, der mag davon träumen, so viel wie nur möglich von diesem Leben zu ergattern. Es ist aber auch dann noch armselig genug!

Wilhelm Busch fasst das Gesagte mit folgenden Versen zusammen:

> „Wer eine Erbschaft übernommen,
> hat für die Schulden aufzukommen.
> Denn nicht umsonst ist der Genuss!
> Kein Leugnen gilt, kein Widerstreben,
> wir müssen sterben, weil wir leben,
> so lautet der Gerichtsbeschluss!“

Vom Segen des Alters

Im Älterwerden sieht man den Sand durchs Stundenglas rinnen, aber man darf auch sehen, wie das, was sich in der unteren Hälfte sammelt, einen Glanz erhält, den es in der oberen Hälfte nicht hatte.
Luise Rinser

Das Alter ist für mich kein Kerker,
sondern ein Balkon,
von dem man zugleich weiter und genauer sieht.
Marie-Luise Kaschnitz (1901–1974)

Alt werden heißt sehend werden.
Marie von Ebner-Eschenbach (1830–1916)

Der beste Weihrauch kommt von alten Bäumen.
Aus Deutschland